반농반X의 삶

일러두기

- 모든 각주는 역주입니다.
- 이 책에 소개된 도서 중 국내 미출간된 도서의 원서명은 각주처리하였습니다.
- 원서의 '사토야마'라는 표현은 문맥에 맞게 '산촌', '산촌 생활'로 순화했습니다. 다만 '사토야마네트 아야베'와 같은 고유명사와 문맥상 '사토야마'로 둬야 할 부분은 그대로 살렸습니다.
- 이 책은 '반농반X라는 삶의 방식'이라는 제목으로 2003년 7월 소니 매거진의 단행본 으로 간행되었고 2008년 8월 신서판으로 재출간되었습니다. 한국 번역판은 신서판의 내용을 수정 보완하고 6장을 새로 추가한 개정판입니다.

자연 속에서 자급자족하며
좋아하는 일을 추구하다

반농반X의 삶

시오미 나오키 지음 / 노경아 옮김

더숲

'반농반(半農半)X'라는 개념이 탄생한 지 약 20년. 지금까지 이 개념은 세상에 어떤 공헌을 했을까? 그것은 우리가 지향해야 할 인간의 존재 방식, 인간이 걸어가야 할 길과 방향성을 단순명료하게 제시한 것이라고 생각한다.

반농반X라는 말은 우리가 지향해야 할 두 개의 축을 표현한다.

하나는 지속가능한 농업을 생활의 기반으로 삼는 것이다. 그리고 다른 하나는 타고난 재주를 세상에 나눔으로써 인생, 혹은 사회를 더 행복하게 만드는 것이다. 이 둘을 가로축, 세로축으로 놓고 보면 자신의 지향점을 더 뚜렷이 파악할 수 있을 것이다.

반농반X는 기껏해야 네 글자지만 사람에 따라서는 심오한 깊이를 느낄 수 있는 말이다. 설사 내일 내가 죽는다 해도 이 네 글자만 남는다면 누군가 내 뒤를 이어 그것을 더 심화해 줄 것이다. 그러나 농업이 왜 중요한지 모르는 사람도 많다. 이 시대는 워낙 그런 시대인 데다,

모르는 사람들을 설득할 만한 인물도 농업계에 드문 탓이다.

이 책은 2006년 중국어로 번역되어 대만에서 출간되었다. 대만판 제목은 『반농반X적 생활』, 부제는 '순종자연(順從自然), 실천천직(實踐 天職)'이다. 이 말은 '자연과 가까이 살며 타고난 재주를 사유화하기보 다 세상에 나누고 실천하자'라는 메시지를 여덟 자로 간결하게 나타 낸 말이며, 동시에 인류가 지향해야 할 방향을 제시하는 말이기도 하 다. 우리는 어느새 서구적 가치관에 물들어 자연을 통제하려 하고 있 다. 그러나 지금 중요한 것은 자연과 함께하는, 자연과 밀착된 감각과 감성일 것이다.

반농반X는 만병통치약이 아니다. 그러나 출간 후 10년이 지난 지 금, 이 개념은 막다른 골목에 처한 세상이 나아가야 할 미래의 방향을 제시해 준다고 생각한다.

반농반X라는 개념은 다음 두 가지 이유로 보편성을 갖고 있다.

하나는, 인간은 무언가를 먹지 않으면 죽는다는 것이다. 이것은 모 든 동물의 숙명이다. 또 하나는, 인간은 음식만으로는 만족하지 못하 는 복잡한 심리를 지닌 생물이라 언제나 '삶의 의미'를 찾는다는 것이 다. 이 두 가지 점 때문에 탄생한 지 20년이나 된 이 개념이 지탱되어 왔다고 본다.

요즘 '빵과 서커스'라는 말을 자주 듣는다. 고대 로마 시인이 했던 말인데, '빵'은 먹을거리를 가리키며 '서커스'는 볼거리를 가리킨다. 백성에게 이 두 가지만 주면 민심을 장악할 수 있고, 백성은 이 두 가 지만 있으면 '생각'하지 않게 되어 결국 나라가 망하게 된다는 이야기다. 반농반X는 그에 반대되는 세계를 지향한다.

앞으로는 기후가 급격히 변하고 인구 또한 더욱 증가할 것이다. 식량 자급률이 낮은 나라의 사람들은 과연 어떻게 먹고 살 수 있을까? 돈이 있다 한들 먹을거리를 과연 살 수 있을 것인가? 고루한 가치관에 힘입어 돈다발을 흔들며 이번에도 역시 음식을 사재기하는 데 그칠 것인가?

나는 조금이나마 자급을 실현하기 위해 노력하고자 한다. 또 후세에 부정적 유산과 난제들을 많이 넘겨 줄 이 나라에서, 각자의 X를 나누어 희망을 만드는 길을 걸으려 한다.

이 책을 낸 후 많은 사람들과 만났다. 그러던 중에 우리 인간의 사명이 얼마나 다양한지를 체감했다. '환경'과 '자연 출산', '마을 만들기', '머무를 곳 만들기' 등등 사람들의 테마는 정말로 다양하다. 나는 이를 '사명 다양성'이라 부른다.

인간에게는 평생 자신만의 주제를 탐구하고 배우는 사명이 주어졌다고 생각한다. 한때는 사람들 모두가 자신의 연구소를 만들고 각자의 주제를 탐구하는 사회가 되었으면 좋겠다고 생각했다. 이름하여 '1인 1연구소 사회'다. 지금 정·재계에서는 '성장 전략'이라는 말이 자주 등장하는데, 그 말처럼 우리 모두는 각자의 연구 주제, 즉 자신의 사명에 평생 도전해야 한다. 또 그 성과를 독점하지 않고 세상을 위해 활용해야 한다. 그리고 죽는 날까지 건강하게 살다가 극락왕생하면 좋겠다. 그러다 보면 이 연구 주제들 가운데서 국가적 프로젝트가 탄생할지도 모른다.

그렇다면 여러분은 어떤 연구소를 만들고 어떤 주제들을 연구하겠는가? 그 힌트는 좋아하는 일, 잘하는 일, 관심 있는 일 등에 있다. 자신의 키워드를 세 가지 꼽아보고 그것을 하나의 단어로 묶어 보자. 이 작업을 대학생들에게 시켜 본 적이 있는데, 모두 개성 넘치는 연구소를 생각해서 나를 놀라게 했다. 1인 1연구소 사회의 가능성은 매우 크다.

인간은 자신의 어려운 처지를 상황 탓으로 돌리는 경향이 있다. 그러나 영국 작가 버나드 쇼(Bernard Shaw)의 말처럼 떨치고 일어나 자신이 바라는 상황을 찾아 나서는 사람, 찾지 못하면 그것을 만들어 내는 사람만이 세상에서 성공할 수 있다. 스스로를 격려하고 힘든 시대를 타개하여 미래를 개척해 나가자. 이 책을 펼쳐 든 여러분과 미래의 어딘가에서 만날 날을 손꼽아 기다리며, 나는 내 사명의 길을 계속 나아갈 것이다.

지금, 왜 반농반X인가

소설가이자 영문학자인 나쓰메 소세키의 사상적 도달점은 '즉천거사(則天去私)'다. 이는 인간의 사심을 버리고 하늘의 공평한 마음으로 돌아가는 것, 즉 자연에 인생을 맡기는 것을 말한다. 감히 나 같은 사람이 도달할 수 없는 경지지만, 그래도 내 짧은 인생에도 사상의 도달점이 있다고 한다면 그것은 반농반X일 것이다.

환경 문제(각종 환경오염과 온난화 등), 식량 문제(안전성과 식량 자급 등), 심리 문제(삶의 의미 상실과 물질주의 등), 교육 문제(과학, 감성, 살아가는 힘 등), 의료·복지 문제(생활습관병과 노인 간병 문제 등), 사회불안 문제(불황, 실업 등) 등 난제를 떠안은 이 시대를 어떻게 살아야 좋으냐는 질문을 한다면, 나는 '반농반X라는 방식을 추천한다'고 답할 것이다.

하늘의 뜻에 따라 작은 생활을 영위하고 타고난 재주를 세상을 위해 활용하는 삶의 방식을 나는 1995년경부터 반농반X라고 불러 왔다.

이는 작은 농업을 통해 식량을 먹을 만큼만 생산하고, 정말로 필요한 것만 채우는 작은 생활을 유지하는 동시에 하고 싶은 일, 해야 하는 일을 하면서 적극적으로 사회에 참여하는 삶을 의미한다. '하늘의 뜻에 따르는 생활'이란 대량 생산, 운송, 소비, 폐기를 멀리하는 '순환형 사회'를 지향하는 삶이다. 또 '타고난 재주'란 각자가 가진 개성, 장점, 특기를 가리킨다.

내가 좋아하는 일, 하고 싶은 일이 타인에게도 유용하다면 쌍방이 행복해지는 공익성이 실현될 것이다.

내가 사는 교토(京都) 부 아야베(綾部) 시에서는 다양한 반농반X의 삶을 접할 수 있다. 영화 자막 번역을 하는 사람은 특기인 영어를 지역 아이들에게 가르치고, 예술가는 창작 활동을 통해 지역에 새로운 바람을 불어넣으며, 환경 문제에 관심이 있는 사람은 그것과 관계된 일을 한다.

개인과 사회가 조화를 이루며 함께 좋은 방향으로 나아갈 수 있도록 하기 위해, 부족한 내가 그 주인공이 되는 삶의 방식을 모색하고 있다. 주변을 둘러보면 분명 그런 새로운 삶의 방식을 선택한 사람이 있을 것이다.

내가 반농반X라는 삶의 방식에 도달한 것은, 작가 겸 번역가 호시카와 준(星河淳) 씨의 저서에서 자신의 삶의 방식을 표현한 '반농반저(半農半著)'(친환경적 생활을 기본으로 하면서 글로써 사회에 메시지를 전달하는 삶)라는 키워드를 만난 덕분이다.

"바로 이거야!" 그때 나는 이 방식이 21세기의 삶의 방식, 생활방식의 하나의 모델이 될 것을 직감했다.

호시카와 씨는 제임스 러브록(James Lovelock)의 '가이아 가설' 등 새로운 시대정신을 일본에 소개한 사람으로, 그에게는 저서와 역서를 60권이나 출간할 만큼 뛰어난 '번역 능력', '집필 능력'이라는 재주가 있었다. 그러면 나에게는 무엇이 있을지 자문해 보았다. 그러나 아무 것도 없는 듯했다.

그러던 어느 날 그 '반농반저'의 '저' 부분에 'X'를 넣어 보았다. 그 랬더니 놀라운 깨달음이 찾아왔다. 어쩌면 이것은, 사회 문제를 해결 하기 위해 우리가 적극적으로 받아들여야 할 삶의 방식을 공식으로 나타낸 말이 아닐까 하고 생각하게 된 것이다. 또한 지금이야말로 이 어려운 시대를 계속 살아 나가기 위한 '작은 농업'과 세상에 나눌 '타 고난 재주', 즉 두 가지 X가 동시에 필요한 시대라고 확신하게 되었다.

반농반X라는 말이 탄생한 후 내 인생은 크게 달라졌다.

괴테의 시에 "마음이 바다로 나아갈 때, 새로운 말은 뗏목이 된다" 라는 구절이 있다. 바다를 항해하기 위해서는 새로운 말, 새로운 개념 이 필요하다. 의식을 바꾸고 행동을 바꾸고 생활 방식을 바꿔줄 새로 운 개념을 창출하는 일이 급선무인 것이다.

그 예로는 몇 년 전 큰 반향을 일으킨 '정년 귀농', 이탈리아에서 온 '슬로푸드' 사상, 그리고 일본에서 생겨난 '지산지소(地産地消)*'의 개 념을 들 수 있다. 이들은 21세기라는 대양을 항해할 뗏목으로, 많은

* 지역에서 생산된 농산물은 지역에서 소비한다는 뜻.

사람을 자극하여 새로운 사회를 만들어 낼 힘을 제공하고 있다.

하늘의 뜻에 따르는 지속가능한 작은 생활을 기반으로 하여 타고난 재주를 세상에 나누고, 좋아하는 일을 통해 사회적 사명을 실천하는 방식인 반농반X. 이 방식으로 삶을 영위할 수 있는 사회가 언젠가 실현될 것이다. 나는 그런 사회를 '타고난 재주를 서로 나누는 사회'라 부른다.

반농반X라는 말은 나에게, 2000년대를 항해하기 위한 작고 작은 뗏목이다. 그러나 어쩌면 그 작은 뗏목을 어디선가 기다리는 사람이 있을지도 모른다. 앞으로도 많은 사람이 반농반X를 발전시켜 미래 조류의 중요한 키워드로 삼아 주기를 바란다.

어쩌면 모두가 자신의 X(미지의 무언가)를 찾고 있는지도 모른다. 그러나 분명 모두가 자신만의 X를 갖고 있다.

우리 앞에 난제가 산적해 있지만, 자족하며 각자의 X를 사회를 위해 활용한다면 우리 세대뿐만 아니라 후세가 살아갈 미래에 틀림없이 다양성 넘치는 순환형 사회가 만들어질 것이다.

그러기 위해선 앞서 말했다시피 작은 농업이 있는 생활을 시작하고, 각자의 X(뜻)를 공동으로 창출해 내야 한다. 이런 과정을 통해 꿈과 희망이 넘치는 사회가 실현되기를 간절히 바란다.

차례

제1장

풍요로운 삶의 터전, 시골로 가자!

사람과 사람 사이의 기분 좋은 삶-반농반X의 진수

제2장

작은 생활, 큰 꿈-전원생활의 즐거움

물욕을 줄이고 건강에 힘쓰며 가정을 회복한다-반농의 의미

제1장

풍요로운 삶의 터전,
시골로 가자!

사 람 과 사 람 사 이 의 기 분 좋 은 삶 - 반 농 반 X 의 진 수

좋아하는 일을 하며
먹고살 수 있는 사회,
과연 가능할까

'작은 생활'과 '보람찬 사명'
– 이것이 반농반X다

반(半)은 자급적인 농업에 종사하고 나머지 반은 자신이 하고 싶은 일을 병행하는 삶. 이것이 내가 주장하는 반농반(半農半)X다.

이는 쌀과 채소 등 주요 농작물을 직접 길러 안전한 식재료를 확보하는 한편, 자신의 개성을 살린 자영업에 종사함으로써 일정한 생활비를 벌어들이는 균형 잡힌 삶을 말한다. 돈과 시간에 쫓기지 않고 다시금 사람답게 살려는 삶의 방식이기도 하다.

소위 친환경적 농경을 기반으로 천직과 보람을 추구하는 삶이라 할수 있는데, 나는 이 '천직'과 '보람'이라는 말에 사회적 의미까지 포함시켰다.

다시 말해 반농반X는 '하늘의 뜻에 따르는 지속가능한 작은 생활(소규모 농업)'의 기반 위에서 '타고난 재주(X)'를 세상에 활용하여 사회적 사명을 실천하고 전파하며 완수하는 삶이라 할 수 있다. 여기서 작은 생활이란, 손바닥만 한 시민 농장, 주말 농장, 또는 베란다 텃밭이라도 좋으니 그것으로 식량을 자급하는 단순한 생활을 말한다. 그리고 X는 사명으로, 자신의 개성, 특기, 장점, 소임을 살려 사회에 공헌하는 직업을 말한다. 즉 좋아하는 일, 진심으로 하고 싶은 일을 통해 사회에 도움을 주고 돈도 벌어 생활을 유지하는 것이다. 사람은 무언가를 팔아서 살아가게 마련이지만, 영혼까지 팔아서 살고 싶은 사람은 없을 테니까.

누구나 '좋아하는 일을 해서 먹고살 수 있는 사회'를 꿈꿀 것이다. 그러나 이것은 결코 뜬구름 잡는 소리가 아니라 극히 현실적이며 21세기적인 꿈이다. 그리고 나는 이런 사회를 '타고난 재주를 서로 나누는 사회'라고 부른다.

나는 교토 시내에 살다가 1999년에 고향인 교토 부 아야베 시로 돌아왔다. 그리고 아내, 딸, 아버지와 함께 가족이 먹을 농작물을 자급하며 나 자신의 X, 그리고 반농반X의 가능성을 모색하는 중이다.

현재 나의 X는 개인과 기초자치단체의 X를 지원하는 '미션 후원'이다. 인구가 줄어들어 점차 고령화되는 아야베 시에 활기를 더하고, 이곳을 안팎의 사람들에게 매력 있는 곳으로 만드는 것도 나의 X 중 하나다.

2000년에 아야베 시가 설립한 '사토야마네트 아야베(里山ネット·綾部)'*(현 NPO법인)는 풍부한 자연과 지역 자원을 활용하여 도심에서 사람을 끌어들임으로써 도농간 교류의 장을 마련하고, 나아가 이주를 촉진하며 정착을 지원하는 일을 주된 사업으로 삼고 있다. 그래서 지금까지 이메일 소식지와 홈페이지를 통해 정보를 제공하는 등의 활동을 전개해 왔다. 참고로 사토야마네트 아야베의 사무국은 폐교된 나의 모교 도요사토니시 초등학교를 수리하여 만든 '아야베 시 사토야마 교류연수 센터'에 있다.

사토야마네트 아야베에서의 활동은 우리 집의 주된 수입원 중 하나다. 그곳에서의 내 미션 후원 업무는 개인 단위부터 지역 단위에까지 이른다. 개인 단위의 경우, 본인도 몰랐던 X를 찾아 주고 그것을 사회적 가치로 이끌어주는 조정 작업도 포함된다.

그 예로는 지역 명물인 소바보로 과자를 잘 만드는 80세의 시가 마사에 씨를 소바보로 교실 강사로 초빙하고, 70세의 시바하라 기누에 씨가 혼자 살던 낡고 넓은 집을 농가 민박으로 쓰게 한 일 등을 들 수 있다. 덕분에 시가 씨는 난생 처음 남을 가르쳐 본다면서 기뻐했으며, 시바하라 씨는 도시의 여행자들을 맞이하는 것이 삶의 보람이 되었다고 말한다.

노인들은 자신을 필요로 하는 곳이 있을 때 가장 행복하다. 개인적인 즐거움뿐만 아니라 개성과 특기를 살려 사회에 의미 있는 공헌을

---

* 홈페이지 주소는 http://ayabesatoyama.net/

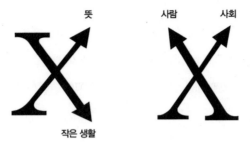

뜻

작은 생활

사람 사회

할 기회까지 주어진다면 이들은 더욱 활기찬 노년을 보낼 수 있을 것
이다.

미션 후원에 대해서는 시가 씨, 시바하라 씨의 이야기까지 포함하
여 뒤에서 다시 언급할 테지만, 어쨌든 자신의 X를 찾아내는 일은 고
령사회에서의 삶과 생활에 무척 큰 의미가 있다. 지금은 이처럼 '삶의
의미'를 창조하는 일이 무엇보다 중요한 시대기 때문이다.

'반농반간병'의
이상적인 삶

아야베 시의 동남쪽에 인접한 기타쿠와다 군 미야마 마을(현 난탄 시)
에 사는 40대의 요시오카 사토시 씨의 X는 '간병'이다.

미야마 마을은 65세 이상 고령화율이 33퍼센트에 이르지만 인구가
과소해 민간 회사의 간병 서비스를 기대하기 어렵다. 요시오카 씨는
이런 마을에 반드시 필요한 간병인으로, 1998년에 아내, 아들(당시 고

등학생), 딸(당시 초등학생)과 함께 이곳에 이주했다.

매킨토시를 다루는 디자이너이기도 한 요시오카 씨는 초등학교에서 신문 만들기와 홈페이지 제작을 가르치고 있다. 또한 아내와 지역 사람들의 도움을 받아 지역 특산품을 앞세운 '야마자토 시장'도 설립했다. 이 시장은 교토, 오사카, 고베에서 찾아오는 손님도 많고 단골도 늘어 성황을 이루고 있다.

2001년에는 약 300평의 3단짜리 다랑논에다 무농약, 무비료, 무경운(밭을 갈지 않음)으로 벼농사에 처음 도전했다. 손으로 모내기를 한 후, 한 달 동안 잡초와 격전을 벌이는 등 고생은 했지만 알곡은 생각보다 많이 맺혔다. 사슴이 거의 뜯어먹어 수확량은 고작 400그램 정도가 전부였지만, 반합에 지어 먹은 밥맛은 감동적인 맛이었다고 한다.

요시오카 씨 가족의 삶이야말로 이상적인 반농반X의 표본이 아닐까 싶다.

덧붙이는 말

요시오카 씨의 현재 주 업무는 교토 부립 세미나 하우스인 '아우루 게이호쿠'의 이벤트 기획과 홍보다. 그러나 조만간 젊은 감각이 필요한 지금의 업무를 후임에게 물려주고 개호(介護)복지사 자격을 살려 '반농반간병'의 삶으로 돌아갈 계획이다.

인생 최고의 아침밥을
차려 주는 청년

니가타 현 니시칸바라 군 마키 마을(현 니가타 시)에 사는 니시다 다쿠지 씨의 X는 기존의 마을을 개선한 새로운 '마을 만들기'이며 그의 삶은 '반농반NPO'로 표현된다. 이제 곧 30세가 되는 니시다 씨는 파종에서부터 수확까지의 과정을 누구나 체험할 수 있는 밭농사 체험장을 운영하고 있다. '마키도키무라'라고 불리는 이곳의 촌민, 즉 회원은 현재 50명 정도인데 그중에는 같은 지역, 같은 현에 사는 사람은 물론 다른 현에 사는 사람도 많다.

매주 일요일(4~11월) 오전, 촌민들은 '인생 최고의 아침밥'이라는 행사를 연다. 행사 전 오전 6시부터 8시까지 진행되는 밭일에는 자유롭게 참가할 수 있다. 밥상에는 원칙적으로 밥, 된장국, 절인 음식 등이 올라오며 참가자들이 각자 음식을 가져오기도 한다.

"마키도키무라는 공원 만들기 사업입니다. 그러나 우리가 정말로 만들고 싶은 것은 새 공원이 아닌 새 시대입니다. 사람 사이의 유대와 밭일의 소중함, 창조의 기쁨과 감동, 여유로운 분위기를 맛보며 살아가는 시대를 만들고 싶습니다. 남녀노소, 도시와 농촌을 불문하고 모두가 활기차게 생활하며 사람, 지역, 교육, 복지가 연계되는 그런 시대 말이죠. '마키도키'란 그런 시대를 꿈꾸며 한 알의 씨앗을 뿌리는 것을 뜻합니다. 지금 뿌려야 싹을 틔우고 꽃을 피울 수 있다는 생각에서 붙인 이름입니다. 또 '도키'는 두근거리는 마음*을 표현하는 말이기도 하고요."

마키도키무라의 설립 목적을 이렇게 설명하는 니시다 씨는 원래는 지바 현 출신이지만, 니가타 대학 공학부를 다니던 시절에 마키 마을에 홀딱 반해서 졸업 후에 마키도키무라를 열었다.

그는 현재 젊은이들 사이에 큰 인기를 끄는 도쿄의 한 출판사에서 영업 사원으로도 일하고 있으며, 대학 입시에서 우수한 성적을 얻은 실력을 활용하여 '데라코야 도키(寺子屋途輝)'**를 운영하기도 한다. 또 '무지개 소리'라는 뜻의 '니지노오토'라는 NPO법인을 설립하는 등 보람찬 나날을 보내고 있다.

"니가타에서 자연 농업을 할 겁니다. 또 민박집을 운영하면서 손님과의 소통을 즐기고 싶습니다. 아내는 갓 딴 채소를 요리하고요."

이것이 니시다 씨의 꿈이다.

덧붙이는 말

그 후 니시다 씨는 NPO 사업의 일환으로 젊은 세대의 인생 탐색을 지원하는 멋진 서점 '쓰루하시북스'를 니가타 시내에 열었다. 시간이 더할수록 눈길을 끄는 사회 사업가다.

* 일본어로 '도키도키'는 '두근두근'이라는 뜻.
** '데라코야'는 '서당'을 뜻한다.

X를 찾아 자신을
갈고닦는 사람들
- 각 자 의 전 원 생 활

| 이주민의
| 북상 현상

도시에서 아야베 근방의 전원으로 이주하는 사람이 점차 늘고 있다.

그중 하나인 기타쿠와다 군 미야마 마을의 이주민 수는 500명이나 되어 마을 전체 주민 수의 약 10퍼센트를 차지할 정도가 되었다. 억새 지붕 마을인 이곳은 일본의 옛날 풍경이 남아 있는 지역으로도 유명하다. 이주민 중에는 도예, 목공, 서예 등의 창작 활동과 자급 농업을 병행하는 사람이 적지 않다.

요즘 농촌에는 후계자가 없어서 빈 집이 즐비하지만 이전부터 이주민이 많았던 미야마 마을에는 이제 빈 집이 없다. 그 탓인지 이주민의 북상 현상이 나타나고 있다. 아야베에 인접한 가사 군 오에 마을(현 후쿠치야마 시)이나 마이즈루 시로 이주민이 이동하고 있는 것이다. 아야베 역시 예외 없이 인구 유출이 진행되고 있지만 동시에 이주민도 늘어나 전체 세대수는 꽤 많은 편이다.

아야베 시는 교토 부 중부에 있다. 교토 역에서 산인혼 선 특급 열차로 한 시간 정도 걸린다.

긴키 지방의 시 중 네 번째로 면적이 크며(2003년 당시) 인구는 약 3만 8,000명이다. 원래는 쌀 2만 석을 생산할 수 있는 농토를 지닌 구키 씨 가문의 성하(城下) 마을*이었다가 메이지유신 이후에는 방적업이 발달하여 '군제(GUNZE)'라는 큰 기업이 설립되기도 했다. 시 이름인 아야베도 고대로부터 여기서 생산된 비단에서 유래했다고 한다. 일본 전통 종이 구로타니 화지로 유명하기도 하다.

사토야마네트 아야베의 본부가 있는 곳을 비롯한 대부분의 지역은 여름에 냉방할 필요가 거의 없다. 그러나 온난화 탓인지 눈이 쌓일 정도로 내리는 날이 예전보다 적다. 가을이 되면 맑은 강인 유라가와에서 물안개가 피어오른다. 그래서 아야베를 '안개의 도시'로 부르는 사람도 있다.

아야베에 이주민이 늘어나기 시작한 것은 1992~93년 즈음이다. 처음에는 창작 활동을 하는 사람이 많았지만 최근에는 좀 더 다양한 사

---

* 일본에서 전국 시대 이래 영주의 거점인 성(城)을 중심으로 형성된 도시를 통틀어 이르는 말. 성의 방위 시설이자 행정 도시, 상업 도시의 역할을 했다. 원래는 '성 아래의 마을'이라는 뜻이지만, 근대 이후에는 성이 아닌 행정 시설을 중심으로 생겨나기도 했다.

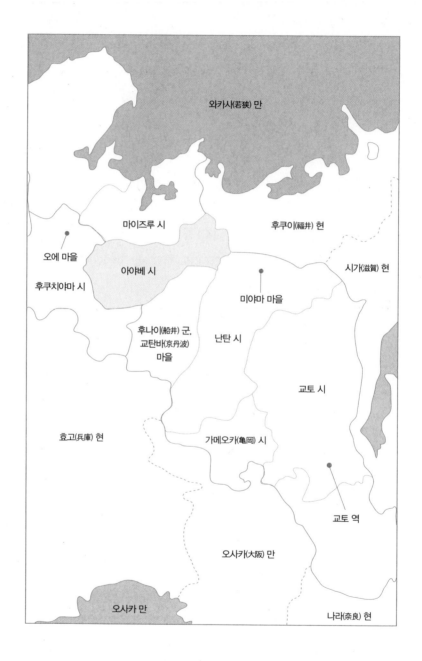

와카사(若狹) 만

마이즈루 시

후쿠이(福井) 현

오에 마을

아야베 시

시가(滋賀) 현

후쿠치야마 시

미야마 마을

후나이(船井) 군,
교탄바(京丹波)
마을

난탄 시

교토 시

효고(兵庫) 현

가메오카(龜岡) 시

교토 역

오사카(大阪) 만

오사카 만

나라(奈良) 현

람들이 유입되고 있다.

그러나 모두 진지하고 환경 의식이 높으며 새로운 삶과 생활 양식을 모색하여 미래를 스스로 만들려 한다는 공통점을 지니고 있다.

내 존재에 자신이 생겼다
– 영화 자막 번역가의 이야기

1999년 가을에 이주한 30대 초반의 나가타 와카나 씨는 영화 자막을 번역하면서 논 600평, 밭 90평 규모로 농사를 짓고 있다. 남은 수확물은 가족과 친구에게 나눠 준다.

일 년간 해외를 돌아다닌 경험이 있으며 영화를 좋아하는 그녀는 집에서 원하는 때에 원하는 만큼 일할 수 있다는 점에 매료되어 1999년 프리랜서 자막 번역가 일을 시작했다.

사실 나가타 씨가 농사를 짓기로 결심한 데에는 한 청년의 영향이 컸다. 그 전해에 그녀는 농업을 새로 시작한 30대 청년을 알게 되었다. 당시 둘 사이에 식량 자급률과 환경 문제에 대한 격론이 벌어졌는데, 나가타 씨의 생각이 탁상공론으로 들렸던지 청년은 '당사자가 되고 나서 말하라'고 일갈했다.

나가타 씨는 평야에서 나고 자랐기에 시골 풍경에는 익숙했다.

"농민을 존경했습니다. 그러나 무의식중에 농민과 나 사이에 경계선을 긋고 멀리서 바라보고만 있었던 겁니다. 심심하면 농업과 환경 문제를 들먹이고 탁상공론을 펼쳐서 자기만족에 취하면서도 해결은 전부 경계선 너머의 일로 미루고 있었던 거죠."

그녀는 당시를 그렇게 회상한다. 그런 만큼, 청년의 한마디는 그녀의 마음에 응어리로 남았다.

이듬해 5월, 나가타 씨는 일을 병행하며 그 청년에게 소위 '수업'을 듣기 시작했다. 그러다 아야베에 이주하여 4년째 농사를 하고 있는 마쓰오 히로코 씨를 소개받았는데, 동년배라서 그런지 더욱 친근감이 느껴졌다고 한다. 이후 망설임 없이 히로코 씨 댁의 별채에 세 들어 살기로 결정했다. 그것이 경계선을 넘은 계기였다. 이웃에는 쌀농사를 가르쳐 줄 든든한 카리스마 농사꾼 이노우에 요시오 씨도 있었다. 인터넷과 택배만 있으면 자막 번역 일도 계속할 수 있었다.

그러나 처음 이주했을 때 그녀는 직업을 당당하게 밝히지 못했다. 새로 농업을 시작한 젊은이들의 모임에서 특히 그랬다. 그들 대부분이 농업에 인생을 걸었던 터라, 자기소개를 할 때마다 '농사를 만만하게 보지 말라'는 말을 들을 것 같았던 것이다. 그러나 실제로 그렇게 말하는 사람은 아무도 없었다. 그것은 농업으로 먹고살 생각이 없는 나가타 씨의 열등감에서 생겨난 오해였다.

그 괴로움을 해결해 준 것이 농사는 생활의 기반이므로 그 위에서 자신의 사명을 완수하면 된다는 반농반X 철학이었다.

나가타 씨는 그 후 인생에 대한 생각이 이렇게 바뀌었다.

"천직이라고 믿는 일을 충실히 이행하는 것과 논밭을 일구는 것은 서로 상반되는 개념이 아닙니다. 농사를 지으면서 추가로 다른 분야에서 자신의 능력을 발휘할 수만 있다면 사실은 그보다 더 행복한 삶이 없을 거예요. 변수인 X는 얼마든지 바뀔 수 있으니까요. 사람마다 달라서 X라고 표현한 것일 테고, 심지어 같은 사람이라도 진짜 사명에 도달하기까지는 다양한 우여곡절을 겪을 수 있어요. 제 경우 그 X가 마침 자막 번역이었을 뿐이고요. 반농반X를 알고서야 비로소 제 존재에 대한 자신감을 얻었어요. 그제야 저는 저 자체로 괜찮다고 생각하게 되었습니다."

그녀는 이런 말도 덧붙였다.

"사람이라면 누구나 자신이 좋아하는 일, 잘하는 일이 있을 겁니다. 천직이나 사명이라고 해도 좋겠지요. 재주를 살려 자신의 역할을 다하는 것은 인생이라는 놀라운 선물을 받은 데 대한 보답이라고 생각해요."

나가타 씨는 긴키의 아이들에게 자신이 좋아하는 영어를 가르치고 있다. 아이들은 그 시간을 고대하며 매주 설레는 마음으로 그녀를 찾아온다.

영어로 천직을 'calling'이라고 하는데, 참 멋진 말이라고 생각한다. 부름을 받고 거기 호응하는 것이 바로 천직이리라.

덧붙이는 말

최근 나가타 와카나 씨는 연고가 있는 교토 부 교탄고 시에 '와카나의 보통 식탁'이라는 레스토랑을 열었다. 그녀는 두 아이의 엄마이기도 하다.

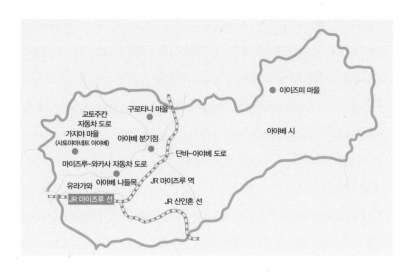

이이즈미 마을

아야베 시

교토주칸
자동차 도로
가지야 마을
(사토야마네트 아야베)

구로타니 마을

아야베 분기점

단바－아야베 도로

마이즈루－와카사 자동차 도로

유라가와   아야베 나들목   JR 마이즈루 역

JR 마이즈루 선   JR 산인혼 선

X 찾기
– 대기업을 그만둔 후 어린 두 아들을 데리고

교토 시 근교에 살던 야마나카 마모루 씨와 준코 씨 부부는 2001년 성탄절, 취학 전의 두 아들을 데리고 아야베로 이주했다. 마모루 씨는 대형 전기회사의 기술자였다.

준코 씨는 두 아이의 엄마가 된 후부터 환경 문제, 식량 문제에 관심이 생겼다. 특히 대량 소비, 대량 폐기를 반복하며 다른 생물의 희생을 전제로 이루어지는 생활 양식에 마음이 아팠다. 그래서 지구 환경의 현황을 설명하는 강연회나 연구회에 참석하고 가게의 일회용 봉투를 조사하는 등 환경보호 활동에도 적극적으로 참여했다.

그러나 준코 씨는 '전하고 싶다'는 마음이 커질수록 주위와의 거리감을 느끼게 되었고, 전부 부질없는 일은 아닐까 하는 생각이 들기 시작했다. 그러다 우연히 '전하는 것이 아니라 전해지는 것이다'라는 말을 어딘가에서 듣고, 새삼 자신의 모습을 돌아보기 시작했다.

그때 아야베의 남서쪽에 인접한 아마타 군 미와 마을(현 후쿠치야마 시)의 외딴 집에 사는 사람, 그리고 아야베의 서쪽에 인접한 후쿠치야마 시의 산속에 있는 오래된 민가를 구입한 사람을 방문할 기회가 생겼다. 이것이 부부가 전원생활을 시작하는 계기가 되었다. 그때 마모루 씨는 '가능한 범위 내에서 우리가 먹을 것을 생산하고 싶다'고 선언했다. 준코 씨도 감사함이 저절로 솟아나는 자연 속에서 살고 싶다는 마음을 굳혔다. 부부는 그렇게 전원생활을 결심했다.

그리고 사토야마네트 아야베를 소개하는 TV 프로그램을 본 준코 씨 어머니의 조언에 따라 아야베를 방문하게 되었다.

때마침 마모루 씨의 회사에서는 조기 퇴직자를 신청받고 있는 중이어서, 부부는 이를 시골로 가라는 하늘의 계시로 받아들이고 아야베에서의 새로운 생활을 준비하기 시작했다.

두 사람은 인터넷에서 어떤 오래된 민가를 구입할지 둘러보던 중에 사토야마네트 아야베를 찾아왔다. 그때 거기에 내가 있었다. 그리고 때마침 사토야마네트 아야베의 전원생활 도서관을 방문한 이노우에 요시오 씨의 아내 도시 씨와 두 사람을 소개했다. 요시오 씨가 사는 지역에 좋은 오래된 민가가 있었던 것이다. 이리하여 부부는 같은 마을에 수년 전에 이주한 동년배 부부를 알게 되었다.

그 민가가 수리가 다 되어 즉시 입주할 수 있었던 점, 논이 300평쯤

딸려 있었던 점, 이웃집에 멋진 할머니가 살고 있었던 점, 도시 씨와의 만남 등이 부부가 중대한 결심을 하는 데 결정적인 역할을 했다.

준코 씨는 1년이 조금 넘은 지금의 전원생활을 이렇게 돌아본다.

"생전 처음이었지만 이웃 분들의 도움으로 모내기를 잘 끝냈네요. 아들이 모내기 놀이를 한다며 다다미 위를 살금살금 걸어 다니는 모습, 부엌에서 불어오는 산들바람, 부드러운 석양빛을 받아 아름답게 빛나는 논두렁, 가족과 함께 먹는 저녁밥……. 천천히 흘러가는 시간을 음미할 수 있는 지금의 삶이 행복합니다."

준코 씨는 지금 북에 푹 빠져 있다. 북 치기 모임에서 도시 씨와 함께 매주 굵은 땀방울을 흘리고 있다.

우리 부부처럼 준코 씨와 남편은 X를 찾는 중이다. 지금은 행복한 육아의 한때를 즐기고 있지만, 두 사람이 장래에 어떤 바람을 일으킬지 사뭇 기대된다.

덧붙이는 말

이후 이 부부에게 아들이 하나 더 생겼다. 아야베의 인기 이주지인 시가사토 마을에는 이처럼 세 아이를 둔 집이 드물지 않다. 덕분에 학교의 학생 수는 문제없이 유지되고 있다.

'일본의 바르비종파'를
꿈꾸는 화가 부부

부부 화가인 세키 데루오와 노리코 부부는 프랑스에서 살다가 20년 전쯤 데루오 씨의 고향인 아야베로 돌아왔다. 그들은 농사를 짓고 양 몇 마리를 키우는 한편, 자택을 개조해 만든 아틀리에 겸 갤러리인 '아틀리에 유메타비토샤(夢旅人舍)'*에서 창작 활동에 힘쓰고 있다.

나와 세키 부부의 인연은 우연히 시작되었다. 내가 교토 시내에 살 때, 교토 역 앞의 공예점에서 노리코 씨의 판화가 그려진 편지지 세트를 보게 된 것이다. 영혼을 울리는 노리코 씨의 판화와 아틀리에 유메타비토샤라는 이름에 매혹되어 나는 고향에 가자마자 그 아틀리에에부터 찾아갔다. 갑작스러운 방문이었지만 세키 부부는 나를 따뜻하게 맞아 주며 자신들의 삶과 생활에 대한 흥미진진한 이야기를 들려주었다.

부부는 아야베를 '바르비종(Barbizon)'이라고 표현한다. 당시 아틀리에 유메타비토샤의 홍보물에는 다음과 같은 소개말이 쓰여 있었다.

"일본의 바르비종인 교토·아야베는 공기와 물이 좋고 별이 아름다운 곳입니다. 여기서 저는 농사를 짓고 아내는 양을 기르고, 매일 땅과 부대끼며 지내며 계절의 변화 속에서 작품 제작에 힘쓰고 있습니다. 바르비종은 프랑스 파리 근교의 퐁텐블로 숲 속에 있는 작은 마을입니다. 그 마을에서 농사를 지으며 자연과 그곳의 주민들, 동물들을

---

* '꿈·여행·사람의 집'이라는 뜻.

그려낸 밀레, 코로, 루소 등의 화가를 바르비종파라고 부릅니다. 그와 같은 생활 속에서 태어난 유화, 목판화 작품을 자연 속에서 꼭 한번 감상하시기 바랍니다."

데루오 씨는 웃으며 이렇게 말한다.

"꼬박 한 해를 정성을 쏟아 가며 벼와 채소를 기르는 농사일, 그리고 유화를 그리는 과정은 서로 닮았어요. 둘 다 단숨에 완성할 수 없으니까요. 그래서 도시의 좁은 공간에서 분주하게 그리면 마치 공업 제품 같은 그림이 되고 말죠. 사실은 여기서 태어났고 대대로 농민이었으니, 어쩐지 꿰어 맞춘 말 같기도 하네요."

부부는 해마다 모내기가 끝나면 몇몇 개인전과 수많은 이벤트에 참가하는 '전국 순회'를 떠나고, 눈 쌓인 겨울에는 창작에 몰두한다. 그 외에도 자택에서 클래식이나 퉁소 콘서트를 여는 등 여유로운 나날을 보내고 있다. 이곳은 아야베에서도 대표적인 사교 장소로 꼽힌다.

노리코 씨는 농지 축소 정책으로 못 쓰게 된 논에 쪽을 심어 염색을 하거나 구로타니 화지를 활용하여 목판화 인쇄를 한다. 또 데루오 씨는 아야베차(茶)를 맛있게 마시기 위해 '아야베 도자기'를 굽는 등 다양한 예술 분야에 도전하고 있다.

또 양치기가 꿈이었던 노리코 씨는 해마다 봄이 되면 고베의 전문가를 초빙해 양털을 깎는다. 입소문을 듣고 시내·외에서 이를 구경하러 오는 사람도 많다.

X라는 글자는 '자신'과
'사회'의 조화를 나타낸다

바르비종을 연상시키는 세키 씨 부부의 삶에서 새로운 생활 양식을 엿볼 수 있다. 앞으로의 생활 양식이나 사고방식을 논할 때는 지속가능성(sustainability)이 큰 과제가 될 것이다. 그리고 지속가능한 사회와 생활 양식을 모색하는 데 농업은 빠질 수 없는 주제다.

세키 부부라는 친구를 얻은 덕분에 나는 이런 생각을 하게 되었다. 조금이라도 자연을 접하고 농사를 지으며 각자의 타고난 재주를 타인을 위해 발휘하는 사회를 설계할 수는 없을까? 아야베에서 무언가 새로운 바람이 부는 것은 아닐까? 나는 이주민들에게 그런 기대를 걸고 있다. 지금의 사회에는 새바람을 불어넣는 일이 무척 중요하다. X를 추구하는 이주민들은 나가타 씨, 야마나카 씨, 세키 씨처럼 자신의 X를 활용하여 지역 사람들과 유익한 교류를 꾀하는 동시에 새로운 무언가를 창조하고 있다.

X라는 문자는 교차된 두 개의 선으로 이루어진다.

하나의 선을 자신의 길, 또 하나의 선을 사회의 길이라고 생각하면, 그 접점은 자신과 사회가 조화된 지점을 나타낸다. 이는 사회에 등을 돌리거나 사회에서 소외되지 않고 사회의 일원으로서 무언가를 한다는, 즉 개인이 X를 활용해 사회에 적극적으로 봉사한다는 뜻이다. 그리고 바로 거기에서 '무언가'가 창조된다. 개인과 사회의 콜라보레이션(공동 창작), 그것이 바로 X다.

동시에 그 X는 본인의 가슴이 설레는 일이어야 한다. 누군가가 시켜서 하는 것이 아니라 먹고 자는 일조차 잊을 만큼 스스로 몰두할 수 있는 일, 즉 자발성이 가장 중요하다.

　다양한 X를 보유한 사람들로 이루어진 사회. 여기에 만족스러우면서 행복한 생활의 새로운 모델이 있지 않을까?

　반농반X는 21세기의 생활 양식인 동시에 완전히 새로운 세계관이며 새로운 삶의 척도다.

낯선 전원생활,
어떻게 시작할까

여러 번 찾아가서
친구를 만들 것

아야베 시의 이주 인구는 빈 집이 매매 또는 임대 물건으로 나오기만
하면 틀림없이 계속 증가할 것이다.

빈 집은 900채 정도 있다. 그러나 소유자가 도시에 살아도 시골에
정이 있어서 그런지 좀처럼 내놓으려 하지 않아 물건을 확보하는 데
에 어려움이 적지 않다. 그래서 아야베 시는 예전부터 빈 집 등록제를
시행하여 이주를 적극적으로 지원하고 있다. 사토야마네트 아야베 역
시 시와 공동으로 매매·임대 정보를 제공한다. 직원들이 자신이 사는
지역의 빈 집 정보를 수집해 회원들에게 소개하는 것이다. 여기서는

물건을 찾는다고 등록한 약 3,000명의 사람들에게 수시로 정보를 제공하고 있다.

이주를 희망하는 방문객들을 응대하느라 사토야마네트 아야베는 주말마다 바쁘다. 그렇다고 여기가 부동산 회사는 아니므로, 앞으로 지역 사회의 일원이 된다는 관점에서 방문객에게 집을 소개하며 동시에 선배 이주자도 소개하고, 전원생활의 노하우도 가르친다. 이주 희망자에게는 이 같은 빈 집 등록제가 무척 도움이 되는 듯하다.

시골이 처음인 사람도 이웃의 도움을 받으면 쾌적한 전원생활이 가능하다. 그래서 우리는 이주 희망자에게 아야베에 여러 번 방문해 친구를 미리 만들 것을 권한다. 사람들의 만남을 주선하는 일은 우리의 가장 중요한 업무이기도 하다.

집의 매매 가격은 제각각이다. 2,000만 엔이나 되는 집도 있지만 일반 시세는 600만 엔쯤 되는 것 같다. 수리가 필요한 낡은 민가도 있다. 그런 집은 가격이 500만 엔 정도로 싼데 방 개수가 많고 주차장은 물론 논밭까지 딸려 있다.

임대는 논밭이 딸린 조건으로 한 달에 1~2만 엔이 보통이다. 사람이 들어가 살면 집이 망가지지 않는다고 해서 무료로 빌려 주는 경우도 있다. 임대는 수리를 자유롭게 할 수 없다는 단점이 있지만(소유자의 허락을 받고 할 수도 있음) 나는 일단 임대를 권하고 싶다.

주말에만 와서 농사를 짓고 싶은 경우에도 휴경지가 많으니 한 달에 1만 엔만 내면 빌려서 충분히 농사를 지을 수 있다.

소유 가치에서 이용 가치로
– 사람에게는 얼마만큼의 땅이 필요한가

최근 전국에서 휴경지를 이주자에게 무료로 제공하는 사람이 늘고 있다. 농촌에는 일할 만한 사람은 모두 외부에 일하러 나가고 할아버지, 할머니 들만 남아 있다. 어디나 그렇듯이 옛날에는 가족 모두가 농사를 지었지만, 지금은 농업만으로 생계를 꾸리는 집은 별로 없다.

지금은 논밭이 황폐해지고 있다. 옛날에는 사람들이 자신의 논밭에 풀이 잔뜩 나 있는 것을 흉하고 창피하게 여겨 열심히 풀을 뱄다. 지금도 그런 생각은 남아 있지만 막상 풀을 벨 일손이 없다. 그런 의미에서 논밭이 많은 사람은 더욱 곤란한 형편이다. 논밭, 나무숲, 대숲을 관리하는 데 한계에 부딪혀 땅을 가진 사람이 더 큰 부담을 느끼는 시대가 된 것이다.

땅이 많아도 집의 일손이 외부에서 일을 하다 보면 논밭은 풀이 덥수룩한 상태로 방치되기 일쑤다. 도시에 살면서 한 해에 몇 번씩 와서 관리를 한다고 하지만, 그것으로는 논밭이 황폐해지는 것을 막을 도리가 없다.

1900년대 초에 태어난 세대가 사라지면 농촌 풍경은 크게 바뀔 것이다. 나는 도시민들도 농촌과 산촌의 일에 참여하고 삼림 자원봉사를 할 수 있도록 토지의 공유재산 개념이 도입되어야 한다고 생각한다. 지금 도심의 시민 농장은 찾는 사람이 워낙 많아서 대기표를 나눠 주는 상황이라고 한다. 아야베 시 역시 시민 농장 운영을 계획하고 있다. 2003년에 시행된 구조개혁 특별 구역법에 근거하여 정부에 '농촌 교류 촉진 특구' 선정을 신청한 결과, 농가가 시민 농장을 운영할 수 있게 된 것이다. 집이든 논밭이든, 이전에는 땅의 소유 여부가 가치의 기준이었지만 지금은 그 사고방식도 달라지고 있다. 다른 사람의 손에 의해서라도 잡초가 무성했던 논밭이 되살아나면 좋겠다고 하는 사람이 아야베에도 많아졌다.

지금 세계적으로 소유 가치에서 이용 가치로의 의식 변화가 일어나고 있으며 농촌도 그 예외가 아니다. 모두가 '사람에게는 얼마만큼의 땅이 필요한가' 하는 의문을 품게 된 것이다.

제2장

작은 생활, 큰 꿈
-전원생활의 즐거움

물욕을 줄이고 건강에 힘쓰며 가정을 회복한다-반농의 의미

좋아하는 일을
하기 위해 반농이
꼭 필요한 이유

┃ 먹고산다는 것에 대하여

반농반X를 지향하는 사람이라면 누구나 자연 속에서 지내며 자신의
성장을 꾀하고 남에게 도움이 되려고 애쓰기 마련이다. 그리고 그 목
표를 실현할 수 있는 무대가 바로 반농반X다.

식생활의 관점에서, 환경 문제의 관점에서, 자연과의 관계를 바로
잡기 위해, 좋아하는 일을 자연 속에서 하고 싶어서 등등 반농반X를
추구하는 사람들의 유형은 다양하다.

앞서 언급한 작가 겸 번역가 호시카와 준 씨는 나에게 큰 영향을
끼친 인물 중 하나다. 만약 내가 1995년에 호시카와 씨가 자신의 삶
을 '반농반저(著)'(친환경적 생활을 기반으로 저술을 통해 사회에 메시지를

전하는 삶의 방식)라고 표현한 것을 『에콜로지란 무엇인가』*에서 보지 못했다면 지금의 반농반X 사상은 없었을 것이다.

내 아내는 "그냥 '저'를 'X'로 바꿨을 뿐이잖아?"라고 말하지만, 나는 그때 이미 그런 사상이 21세기의 삶과 생활 양식의 한 모델이 될 것을 직감했다.

호시카와 씨는 야쿠시마에 이주하면서 2,400평이나 되는 감귤밭을 관리하게 되었고, 그것을 계기로 영리 농업을 시작했다. 동시에 자급용 쌀과 채소도 재배했다. 처음부터 영리 농업을 할 생각은 아니었지만 감귤밭을 넘겨주겠다는 사람이 있어서 영리 농업에 도전하게 된 것이다. 그러나 이내 감귤밭 관리와 유지의 어려움, 농업을 지탱할 체력의 한계에 부딪히게 되었다.

그는 반농에 관한 저서 『지구 생활』**에서 그 경험을 다음과 같이 이야기했다.

"규모가 식량을 자급할 정도라면 그나마 괜찮지만 영리를 고려한 규모라면 상당히 무리가 따를 것이다. 지구에 농약이라는 독을 퍼뜨리는 짓은 절대 안 하겠다는 결심은 가까스로 지켰으나 결국은 기계의 힘을 빌리게 되었고, 대출금의 압박, 정신없는 생활은 더더욱 피할 수 없었다.

그래서 나는 반농을 추천한다. 백 가지 작물을 재배하는 '백성'이

---

* 『エコロジーって何だろう』, 호시카와 준 저, 다이아몬드사, 1995
** 『地球生活』, 호시카와 준 저, 헤이본샤, 1995

되거나 농업만으로 생계를 꾸리는 전업 농부가 될 필요는 없다. 하루 여덟 시간을 일한다면 그 절반은 자신의 먹을 것을 합리적인 방법으로 재배하는 데 쓰고, 나머지 절반은 무언가 수입이 되는 일에 할애하면 된다. 내 경우에는 그런 삶을 '반농반저'로 표현할 수 있다. 또 그 시간을 엄격히 5 대 5로 나누기보다 4 대 4 정도로 나누고, 나머지 2는 마음껏 놀거나 자연을 가까이하는 데 쓰면 좋을 것이다. 사람에 따라서는 그 시간에 조금 더 돈이 되는 작물을 기를 수도 있을 테고.

그런 어중간한 방식으로 먹고 살 수 있겠느냐고 질책할지도 모르지만, '먹고산다'는 건 원래 말 그대로 자신과 가족의 심신을 적절한 음식으로 건강하게 유지한다는 뜻이 아닌가? 하루의 절반으로 그 목표를 어느 정도 달성할 수 있다면 나머지 절반은 좀 더 자유롭게 써도 되지 않을까? 어차피 지폐나 동전을 먹고살 것도 아니니 말이다.

적어도 나는 야쿠시마에 온 뒤 십수 년간, 하루 네 시간 일해서 번 수입으로 세 가족을 충분히 먹여 살려 왔다. 이렇게 말하면 '당신에게는 글쓰기라는 특별한 능력이 있으니 가능한 이야기가 아니냐'고 반론할 지도 모르지만, 그건 어지간한 인기 작가가 아닌 다음에야 글을 써서 받는 인세가 얼마나 쥐꼬리만 한지 몰라서 하는 소리다."

벼의 상황에 맞출까, 사람의 상황에 맞출까

나는 한신 대지진 이듬해인 1996년 봄, 집을 아야베의 본가로 옮기고 교토 시의 회사로 출퇴근하며 자급 농업을 병행하기 시작했다. 우리 논은 남에게 빌려 주었기 때문에 첫해에는 다른 논을 새로 임대해서 농사를 지어야 했다. 우리 논에서 농사를 지은 것은 그 이듬해부터다.

그런데 본가로 돌아온 1996년, 결혼 7년 동안 고대하던 아이가 생겼다. 자연 분만을 하기 위해 교토의 유명 조산사가 경영하는 조산원을 점찍어 두었다. 그래서 일단은 교토 시에 살며 본가 근처의 논으로 출퇴근하게 되었다. 그러다 1999년에 아야베로 아예 돌아와 자급 농업 생활을 시작했다.

현재 땅 900평 중 600평에서는 벼농사를 하고, 겐탄(減反) 정책*으로 벼농사를 못하게 된 300평은 밭으로 만들어 고구마와 콩(누에콩, 대두, 검은콩)을 심었다. 단, 육아 시간을 고려하여 개시 당초보다 규모를 약간 축소한 상태에서 쌀과 주요 채소를 재배하고 있다. 이렇게 무리하지 않는 것도 중요하다고 생각한다.

최근에는 모내기 시기도 빨라지는 추세라서 회사 근무를 병행하는 농가의 경우 공휴일이 많은 5월 연휴에 모내기가 거의 끝나 버린다. 즉 벼의 상황이 아니라 사람의 상황에 맞춰 농사를 짓는 것이다. 옛날에는 기후를 봐 가며 모내기 때를 조정했다. 그래서 어떨 때는 첫눈이 내릴 때까지 벼를 다 말리지 못하는 경우도 흔했다.

이처럼 모두들 수확량과 효율을 우선하여 논에서 일하는 시간을 줄

---

* 일본 정부가 쌀값 유지를 위해 실시한 생산량 조절 정책. 쌀 소비 감소에 따른 가격 하락을 막고자 2018년에 폐지하기로 결정되었다.

이고 있지만 나는 여전히 논에 오래 머문다. 또 우리 집은 옛날만큼은 아니어도 주변보다는 늦게 모내기를 한다. 벼농사는 벼의 상황에 맞춰야 한다는 조상의 가르침에 따라, 되도록 절기에 맞추려 하기 때문이다.

내 생일인 4월 4일은 '벚꽃이 만발하고 천지만물에 청신한 기운이 넘치는 절기'인 청명(4월 5일경) 즈음이다. 만물이 소생하는 봄이 오면 생명의 순환을 떠올리기 마련이다. 나는 새로운 일을 시작할 때마다 일부러 이 시기를 택한다. 청명은 내가 좋아하는 날이다. 심지어 내 딸의 생일도 나와 같은 4월 4일이다.

뺄셈의 생활
- 반 농 의 원 칙

생활 수입이 적어도
마음의 수입은 넉넉하다

내가 삶의 방식을 고민하게 된 것은 환경 문제 때문이었다.

나는 환경 문제에 심리적 요인이 크게 작용한다고 생각한다. 사람은 무언가 허전함을 채우려 하다가 소비에 치우치게 된다. 그런데 인간의 쇼핑 의존증 뒤에 도사린 비대한 소비 욕망이야말로 환경 문제의 근본 원인이 아닐까?

전원에서 반농 생활을 하려면 '생활 수입은 적게, 마음의 수입은 넉넉하게'라는 말을 마음에 새겨야 한다. 그 예로, 여기 아야베에서는 성인 한 사람이 한 달에 10만 엔만 있어도 충분히 생활할 수 있다.

'들어오는 것에 맞춰 내보낸다'는 말이 있는데, 시골에 살다 보면 직업 선택의 폭이 좁아지는 것은 사실이니 생활 규모를 축소할 수밖에 없다.

그러나 지금은 무언가 큰 것보다 '작은 것'과 '알찬 것'이 필요한 'Slow and Small is Beautiful'의 시대다. 생활이 축소되면 힘들 것 같겠지만, X가 있어서 마음은 항상 넉넉하다. 그 진정한 기쁨은 생활 규모가 축소되는 아쉬움을 충분히 덮고도 남는다.

특히 우리 집은 큰 길에서 10킬로미터 정도 떨어져 있어서 우리 가족은 쇼핑을 자주 가지 않는다. 쇼핑 횟수가 줄어들면 지출액과 쓰레기 발생량도 줄어든다. 게다가 휘발유 사용량도 줄어들어 공기 오염이 방지된다. 만들어 쓰기, 이웃 사람들과 나누어 쓰기, 물물교환을 통해 자연스럽게 절약도 하게 된다. 그 효과는 참으로 크다. 지구 환경까지 보호되니 말이다.

우리 가족은 아버지와 동거하는 덕분에 부모에게서 얼마간 도움을 받고 있다. 우선은 시골 치고는 비교적 넓은 집에 살 수 있다. 또 집집마다 사정은 다르겠지만, 부모와 동거하면 농사일에도 제법 도움을 받을 수 있다. 게다가 반농이라서 부부가 둘 다 집에 있는 시간이 많은 덕분에 한쪽이 일방적으로 부모를 돌보지 않아도 되고, 결과적으로 원활한 3세대 동거가 가능해진다.

무엇보다 가족이라는 테두리 안에서 가족의 유대를 느끼게 되는 것이 장점이다. 거기에는 핵가족에서는 배울 수 없는 무언가가 있다.

필요한 것만 채운다
— 쇼핑의 판단 기준

우리 집에는 식료품을 제외한 모든 품목의 쇼핑에 일정한 판단 기준이 있다. 정말 필요한가, 오래갈까, 평생 쓸 것인가, 타인과 환경을 배려한 물건인가? 등등. 장기적인 안목과 친환경적 관점에서 우리의 생활 양식에 적합한지, 기능적으로 우수한지, 남을 따라가는 것이 아니라 정말 필요하고 의미 있는 물건인지를 판단하는 것이다. 이로써 절약의 천적인 충동구매를 피할 수 있다. 긴 안목으로 보면 비싼 것을 고르는 편이 유리한 경우가 종종 있다. 게다가 쇼핑은 그 자체로 즐거우니, 그럴 때는 전혀 주저하지 않는다.

회사를 다니고 있던 1990년 즈음, 집에 물건이 없는 것이야말로 가장 세련된 생활임을 알게 되었다. 그래서 새삼 주변을 둘러보았더니 쓸데없는 물건이 너무 많았다. 게다가 그때 마침 『덧셈의 시대, 뺄셈의 사상』*을 읽게 되어 '뺄셈의 생활'을 강하게 의식하기 시작했다.

우리는 이제 이런 질문을 던져야만 한다. '편리함, 쾌적함을 추구한 결과 인간은 과연 행복해졌는가?' 물론 우리가 추구한 편리함은 인간의 행복에 지대한 기여를 했다. 그러나 동시에 수많은 문제들을 초래했다. 자원 낭비, 환경 문제, 식량 부족, 인간성 상실 등등. '편리성'을 '효율'로 바꿔 말하면 구조조정도 편리성을 추구한 행위의 일종일 것이다. 세계적 문제인 빈부 격차, 과도한 교육열 역시 어떤 의미에서는

---

* 『足し算の時代, 引き算の思想』, 아라이 만 저, PHP겐쿠쇼, 1993

편리성과 효율을 추구하려는 욕심이 낳은 결과다.

이런 문제들을 생각하면 과연 편리함만 추구하며 살아도 되는 것인지 의문이 피어오른다. 환경 문제도 마찬가지다. 생활에서 편리함을 조금만 줄여 봐도 우리가 그동안 얼마나 그것에 젖어 환경을 오염시키며 살았는지를 알 수 있다. 그런 의미에서 소비를 할 때도 뺄셈의 사상이 매우 중요하다. 그렇다면 일단 소비에 대한 우리의 가치관부터 바꾸어야 한다.

환경 문제에 관심이 있다고 해서 낭비를 철저히 막고 소위 불편한 생활을 하라는 것은 아니다. 또 원리주의자처럼 한 가지 가치관을 고집할 생각도 없다. 일례로 우리 집의 소비 생활은 '즐겁고, 필요한 것만 채우면 된다'는 원칙을 따른다. 즉, 만족을 알라는 것이다.

가능한 것부터 빼나가면 되지 않을까? 무리하면 도리어 마음의 건강을 해칠 수 있으니 절대 금물이다. '즐거운 뺄셈'만으로 충분하다.

세상은 확실히 뺄셈의 시대로 전환되고 있다. 20세기는 '만들기', '늘리기'를 통한 덧셈의 시대였고 그로 인해 군살이 붙은 사회와 개인들이 다양한 사회 병리 현상을 일으켰다.

이제는 그 군살을 빼서 지역, 가족, 개인 등 작은 공동체의 압축성과 세련성을 추구해야 한다. 규모의 이익(Scale Merit)에서 작은 것의 이점(Small Merit)으로 가치 기준이 바뀌고 있는 것이다.

언젠가 한 출판사 대표가 이런 말을 했다.

"일본 문화는 계단을 오르는 문화가 아니라 계단을 뒤로 한 걸음 한 걸음 조용히 내려와 불필요한 것을 한 장 한 장 깎아 나가는 문화가 아닐까요?"

요즘 이끼 뭉치나 미니 야생초 분재가 유행인데, 이것도 뺄셈의 미학을 선호하는 경향이 강해진 결과다. 서구에서는 이런 스타일이 'ZEN[禪]'이라는 이름으로 인기를 끌고 있다. 이런 뺄셈 사상은 21세기의 지적 자원이다.

지금 각광받는 슬로푸드, 슬로라이프도 작은 것을 추구하는 뺄셈의 사상에서 나온 개념이다. 뒤에서 자세히 이야기하겠지만, 없는 것에 대한 집착을 버리고 '있는 것 찾아내기'에 집중하는 지역학 역시 뺄셈 사상에 입각해 있다.

뺄셈의 생활에는
큰 '더하기'가 있다

화목한 가족의 시간을
만드는 법

우리 집에서 가장 쓸모없는 것과 꼭 필요한 것은 무엇일까? 가전제품 중 전자레인지와 에어컨은 필요 없는 물건이다. 전자레인지는 원래 쓰지 않고, 여름에도 시원한 지역이라 에어컨도 필요 없다. 이것은 집이 서로 밀집되지 않은 덕분이기도 하다.

휴대전화는 아이들과 가족 사이의 비상 연락망으로 유용하기는 하지만 되도록 없었으면 하는 물건이다. 그러나 요즘은 농사일을 하다가 쓰러져 휴대전화로 구조 요청을 하는 사례도 있으니 어쩌면 필요할지도 모르겠다. 페트병은 일부러 쓰지 않는다. 대신 논일을 나갈 때마다 3년산 특상품 엽차를 가져간다.

꼭 필요한 물건에는 컴퓨터가 있다. 글을 써서 일을 하려면 컴퓨터가 꼭 필요하다. 아이디어를 낳아 주고 길러 주는 메일과 인터넷의 역할은 참으로 크다. 그래도 컴퓨터만 끄면 방이 갑자기 조용해져서 컴퓨터가 소음 공해의 주범이라는 생각이 가끔 들기는 한다.

난방을 하려면 조개탄 고타쓰*도 꼭 필요하다.

집의 구조적 문제 때문에 장작 난로가 아닌 석유난로도 꼭 있어야 한다. 고타쓰는 추운 날이면 조개탄 네 개를 넣어야 하지만 대개는 두세 개로도 열두 시간은 버틴다. 조개탄은 12킬로그램짜리 한 봉투에 1,200엔인데, 한 해 겨울을 나는 데 두세 봉투면 충분하다. 우리 집의 난방 목표는 조개탄에 한번 붙인 불을 꺼뜨리지 않고 화로에 새 조개탄을 보태 가며 겨울을 넘기는 것이다.

겨울에는 붙박이 고타쓰가 있는 방으로 네 가족이 옹기종기 모여든다. 그 방만 훈훈하기 때문에 그럴 수밖에 없다. 이처럼 가족이 한데 모여 얼굴을 자주 맞대는 것은 좋은 일이다. 소통이 활발해지는 것은 물론, 표정만 보아도 서로의 기분을 읽을 수 있게 되기 때문이다.

일본의 집에서 가족 모두가 모이는 다실(茶室)이 점차 사라지면서 가족의 붕괴가 시작되었다고 주장하는 사람이 있는데, 그야말로 동감한다. 뺄셈의 생활은 우리 생활에서 점차 사라져 가는 가족 공동체를 원래의 모습대로 회복시킬 것이다.

---

* 숯불이나 전기 등의 열원 위에 틀을 놓은 뒤 이불을 덮도록 만든 난방 기구.

가족은
베이스캠프 같은 것

우리 집은 TV를 거의 보지 않는다. 여섯 살인 딸 히나코(雛子)도 주말에 만화를 보는 정도다. 저녁 식사를 여섯 시(빠를 때는 다섯 시 반)에 하고 여덟 시면 잠자리에 드니 볼 시간도 거의 없다. 아버지도 그 시간에는 잠자리에 드신다.

딸은 TV 시청보다는 그림을 그리거나 무언가 만들기를 좋아하는 것 같다. 나는 종종 아이와 함께 바닥에 누워 그림책을 읽는다. 딸이 혼자 읽을 때도 있다. 매일 밤 세 권쯤 읽는 것 같다. 참고로 나는 사노 요코 씨의 『100만 번 산 고양이』, 안노 미쓰마사 씨의 『신기한 열매』를 좋아한다. 한 여성이 이 이야기를 듣더니 "부인은 그런 재미를 잘도 남편에게 양보했네요" 하고 놀랐다. 아이와의 시간을 '자신의 보물'이라고 하는 사람도 있었다.

가족 모두가 한 방에 모이면 자연스럽게 대화가 이뤄진다. 그러고 보니 지금은 무언가 어색한 '단란한 가족'이라는 말이 어떤 뜻인지 알 것 같다. 아직 어린 덕분에 부모 곁에 항상 붙어 있지만 5년 후, 10년 후에도 이 아이가 우리와 함께 고타쓰를 둘러싸고 한참 동안 앉아 있을 수 있을까?

나는 아이와 함께 잠들었다가 새벽 세 시에 일어난다. 그때부터 다른 사람들이 모두 일어나는 여섯 시 반까지가 나만의 시간이다. 그 시간에 나는 주로 독서와 사색, 글쓰기, 이메일과 편지에 답장하는 일을 한다. 나는 이 시간을 '천사의 시간'이라고 부른다. 나의 X를 찾으려면 이런 고독한 시간, 혼자만의 시간이 꼭 필요하다. 아내도 마찬가지다. 그래서 아내는 나와 딸이 잠든 후 열한 시까지 혼자만의 시간을 갖는다. 그리고 나는 집에서 일하기 때문에 세 끼 밥 전부를 아내와 함께 집에서 먹는다.

딸이 다섯 살이 되던 해에는 대망의 야외 활동을 시작했다. 그런 활동은 전원생활과는 다른 자극이 많아서 꽤나 재미있다. 그중에서도 가장 재미있는 것은 역시나 집 밖에서 잠을 자는 캠핑이다.

처음으로 가족 캠핑을 갔을 때가 생각난다. 잠자리에 막 들려는데 갑자기 비가 내리기 시작했다. 커다란 소나무 가지에서 떨어진 물방울이 텐트에 부딪혀 툭, 툭 소리를 냈고 멀리서는 천둥소리가 울려 퍼졌다. 그 순간, 하늘에서 빗방울과 함께 '가족이란 베이스캠프와도 같다'는 생각이 뚝 떨어졌다.

가족들은 아마 각자 다른 산을 향할 것이다. 그러나 하나의 베이스캠프에 모여 서로 돕고 위로하고 격려하며 서로의 목표를 응원할 것이다. 내가 첫 캠핑에서 그런 생각을 한 것을 가족들은 모른다. 하지만 그 후로 캠핑을 갈 때마다 그런 생각은 더욱 강해졌다.

덧붙이는 말

고등학생 딸은 대학 진학을 위해 조만간 아야베를 떠날 예정이다. 딸은 어쩌면 농학부나 공공 정책에 관련된 학과를 지원할지도 모르겠다.

선택과 집중
— 돈 사용법

진공청소기는 오래 쓰는 물건이라서 고가의 스웨덴 수입품을 구입했다. 예전에 살던 아파트보다 넓은 이 집을 빗자루로 쓸려면 상당한 중노동을 각오해야 해야 하기 때문이다.

자동차에 대해서는 한창 생각 중이다. 이곳 사람들에게 차는 신발과도 같다. 자전거는 기껏해야 중·고등학생들이 타는 정도다. 한 집에 차가 서너 대쯤은 당연히 있어서, 누추한 우리 집에도 내 차, 아내의 차, 아버지의 작은 트럭 총 세 대가 있다. 한 대는 거의 사용하지 않아서 두 대로 줄일까 하는 생각에 요즘은 카셰어링을 알아보고 있다.

지역 전체로 보아도 카셰어링을 하면 차량 수가 상당히 줄어들 것이고 유지비·연료비 등도 절약되겠지만, 사실 쉬운 문제가 아니다. 예전에 조합에서 농기구를 공유한 적이 있었다고 한다. 그러나 망가졌을 때 책임 소재의 모호함, 함부로 사용하는 사람들 때문에 언젠가부터 각자 구입하여 쓰게 되었다고 한다. 논밭에 대한 생각은 소유 가치에서 이용 가치로 바뀌고 있지만, 이 문제도 과연 그럴까? 어쨌든 살기 편한 고령사회를 만들려 하는 나로서는 지나칠 수 없는 문제다.

이 지역에도 예전에는 술집, 자전거 가게, 담배 가게, 과자점이 있었는데 지금은 전부 사라지고 없다. 그래서 자동차를 운전할 수 있는 사람들은 시내에 나가서 쇼핑을 하지만 고령자들은 농협이 한 주에 두 번 운행하는 출장 판매 차량에 의존한다. 한편 지역 주민들은 농협 출장소가 폐쇄됨에 따라, 스스로 자본을 모아 2003년 봄에 마을 진흥조합을 설립하고 농협의 예전 쌀 창고를 수리하여 멋진 점포를 개설했다.

우리는 쇼핑 횟수가 줄어들면 낭비가 줄어들어 좋지만, 노인들로선 나름의 즐거움을 뺏기게 되니 딱한 마음이다. 지금도 때때로 보이는, 할머니, 할아버지가 손자나 이웃집 아이에게 과자를 사 주는 광경을 앞으로도 계속 보았으면 좋겠다.

우리 부부는 유치원에 다니는 딸을 데리러 나갔다 돌아오는 길에 주 1회 정도 슈퍼에 들른다. 딸의 배웅은 내 담당, 마중은 아내 담당이다.

최근에 아내는 평생 입을 수제 염색 옷을, 나는 딸에게 캠핑 체험을 시키기 위한 제품 한 세트를 샀다. 식칼이든 칠기든 오래 쓸 물건은 비싼 것으로 산다. 돈을 쓸 때도 선택과 집중의 원칙이 적용되는 셈이다. 요리를 잘하는 아내 덕분에 집에서 먹는 게 더 맛있어서 외식은 거의 하지 않는다. 커피도 우리 집 마당에서 마시는 게 맛있다. 이런 뺄셈의 사고는 세상을 대하는 태도에도 영향을 미친다.

나는 무엇을 접하든 나의 미션 범주 안에 있는 '사명 내의 일'인지 '사명 외의 일'인지부터 생각하게 되었다. 사명 외의 일은 모조리 외면한다는 뜻이 아니다. 내가 해야 할 일인지, 남도 할 수 있는 일인지, 또 지금 해야 할 일인지, 나중에 해도 되는 일인지를 판단하고 우선순위를 매긴다는 뜻이다.

선택과 집중이라는 말은 경영 분야에서 자주 쓰인다. 그러나 그 말은 국가에서 개인까지 전부 적용할 수 있는 원칙으로, 한정된 인생을 살기 위해 무엇보다 중요하다. 무엇에 초점을 맞추고 무엇에 에너지를 집중하느냐가 앞으로는 더욱 중요해질 것이다.

소중한 생명을
중시하는
식생활

맛있는 것 먹기가 아닌
맛있게 먹기

절약을 생각한다면 식생활은 전통식 위주로 하는 것이 좋다. 물론 그
것이 건강에도 좋다. 건강하게 오래 사는 사람들은 주로 전통식과 현
미를 즐겨 먹는다고 한다.

　동물마다 적합한 음식이 있는데, 치아의 형태로 그것을 구분할 수
있다. 인간에게는 사랑니까지 포함해 32개의 치아가 있는데, 그중 절
구처럼 생긴 20개는 곡물을 씹어 으깨는 역할을 한다. 그에 비해 고기
나 생선을 잡아 뜯는 송곳니는 4개밖에 안 되어 전체의 10퍼센트에
불과하다. 나머지는 채소나 과일을 베어 먹는 데 쓰이는 앞니다.

단식 다이어트로 유명한 의사 이시하라 유미 씨에 의하면 식재료의 비율이 치아의 비율과 일치하는 것(곡물 60퍼센트, 고기 10퍼센트, 채소와 과일 30퍼센트)이 이상적이라고 한다. 또 특히 동양인은 이 비율을 지켜야 건강하다고 한다.

우리 집의 식생활은 미래식(未來食)을 기본으로 한다. 미래식은 곡물·채식 연구가인 오타니 유미코 씨가 고안한 건강 식사법으로 잡곡, 다시마, 근채류, 천연 소금을 주로 쓰는 것이 특징이다. 또 몸에 좋은 조미료와 발효식품(절임류 등)도 자주 사용한다.

미래식에서는 피, 좁쌀, 수수 등을 현대식으로 조리하여 일식, 양식, 중식, 이탈리아 과자까지 만들 수 있다. 가령 다진 고기 대신 수수를 넣은 만두를 먹었는데 씹는 느낌이 고기와 거의 똑같았다. 볶은 밀기울도 고기와 거의 똑같다. 밀기울은 튀김 요리에 활용할 수도 있어서 딸과 손님들도 거부감 없이 잘 먹는다.

쌀은 품종 개량이 상당히 진행되어, 즉 인간에게 길들여져서, 고기나 생선으로 말하자면 양식(養殖) 같은 느낌이다. 그러나 잡곡에는 아직 야생의 힘이 있다. 지금 사람들이 건강을 잃어버린 것은 몸에 이런 야생의 힘이 부족하기 때문인지도 모른다.

우리 집에서는 백설탕을 쓰지 않는다. 조림을 할 때는 꿀이나 오키나와산 흑설탕, 맛술을 넣는다. 그것도 아니면 푹 끓여서 단맛을 내거나 오히려 소금을 넣을 때도 있다. 무엇을 넣고 졸여야 단맛이 나는지 연구하는 사람들에게서 많이 배웠다.

엄밀히 말해 우리 집 식단은 '온건한 미래식'이다. 우선 쌀을 주로 먹고(3개월에 60킬로그램. 소비량이 평균보다 많을 듯. 좁쌀 등 잡곡을 섞기도 한다), 생선은 처가 부모님이 야마구치 현 시모노세키 시의 시장에서 사서 직송으로 보내신 것을 받아 먹는다.

고기와 생선 등 신선 식품을 싱싱한 상태로 먹으려면 10킬로미터나 떨어진 슈퍼에 매일 가야 해서 이래저래 힘들다. 그러니 고기나 생선 대신 영양이 풍부하고 오래 보관할 수 있는 잡곡류를 주로 먹으면 건강에도 좋지 않을까 생각한다.

가계의 소비 지출 중 식료품비가 차지하는 비율을 나타내는 엥겔계수가 우리 집은 꽤 높을 듯하다. 기본적인 조미료는 좋은 것으로 마련하고, 주로 먹는 잡곡 또한 비싸다. 자연식에는 돈이 많이 든다.

1990년에 결혼한 이래, 나는 아내가 자신의 X를 찾았으면 하는 바람이 있었다. 그리고 내 바람대로 아내는 1992년에 '생명과음식정보센터(현 모모의 집)'를 알게 되어 거기서 일을 시작했다. 생명과음식정보센터는 생명과 음식에 관련된 정보를 제공하는 동시에 자연 농업, 자연 분만을 연구해 왔다.

나도 생명의 관점에서 생활과 인생, 사회를 바라보는 것이 얼마나 중요한지 잘 알고 있다. 공교롭게도 요즘 나는 내 삶의 방식을 재점검하는 중이다. 나중에 자세히 말하겠지만, 현재 상황에 불만이 있어서라기보다 '지금 이대로 좋을까? 무언가 달리 할 일은 없을까?'라는 생각을 자주 하기 때문이다.

생명과음식정보센터에서 자연 농업을 하는 사람들의 이야기를 들을 기회가 있었다. 그때 나는 나와 같은 인생관, 가치관을 지닌 사람이라면 자연스럽게 농업에 관심을 갖게 된다는 사실을 알았다. 그래서 나와 아내에게 농사를 짓고 싶은 마음이 싹튼 것이고, 음식에도 관심이 생긴 것이다. 즉 우리는 농업을 환경 문제를 해결할 열쇠로 여겨 취농(就農)을 감행했다. 그리고 나는 내가 겪는 다양한 일에는 반드시 의미가 있다는 것을 믿는다.

결혼 7년 만에 딸이 태어났는데, 그 직전에 우리 집에서는 미래식을 본격적으로 도입했다. 우리에게 큰 의미를 지닌 생명과음식정보센터와의 만남도 마찬가지다. 아이의 탄생은 우리가 정한 방향, 즉 삶의 방식을 전환하여 농업과 미래식을 시작하겠다는 결심이 옳다는 신호처럼 여겨졌다.

아내는 생명과음식정보센터에서 미래식을 고안한 오타니 유미코 씨를 만난 것을 계기로 미래식에 푹 빠지게 되었다. 오타니 씨가 도쿄에서 미래식을 가르치고 있어서, 아내는 약 2년간 한 달에 한 번씩 도쿄로 오타니 씨를 찾아가 미래식을 배웠다.

지금 아내는 오사카, 교토에서 한 달에 두 번씩 소규모 강의를 하거나 출장 강의를 한다. 아내는 미래식뿐만 아니라 요리 자체를 좋아한다. 그녀는 가족은 물론, 사람들이 먹는 것에 더욱 관심을 기울여서 모두가 건강하고 행복해지면 좋겠다는 생각을 갖고 있다.

그러려면 맛있는 것을 찾아다닐 뿐만 아니라 맛있게 먹을 방법을 궁리하는 자세가 반드시 필요하다. 가족이 한데 모여 식사를 하는 것도 그중 하나다. 아마도 아내의 X는 미래식을 포함한 건강한 요리를 더 많은 사람들과 나누는 것이리라.

딸이 고등학생이 되자 아내는 육아 때문에 오랫동안 중단했던 요리 교실을 2014년, 출장 강의 형태로 재개했다. 가끔은 출장 요리 의뢰를 받기도 한다. 아내는 딸이 대학에 진학해 독립하면 또 다른 X를 찾아 나설 것이다.

화로 요리의 결정판
– 아내와 딸의 X

2002년 여름, 유치원 방학을 맞아 아내와 딸은 가게 놀이를 시작했다. 아내가 "무슨 가게를 할까?"라고 묻자 딸의 눈이 빛난다. 둘이서 가게 이름을 정해서 달력 종이 뒤에 간판을 그린다. 그리고 정원에 화로를 가져와 숯불을 피운다. 거기에 간장을 잔뜩 찍은 주먹밥을 굽기 시작한다. 구수한 냄새가 바람에 떠다니며 이웃 아이들을 불러 모은다. 기다리던 주먹밥집이 드디어 문을 연 것이다. 아이들은 구운 주먹밥을 입에 욱여넣으며 맛있다고 난리법석이다.

아내와 딸은 손수 만든 대나무 꼬치에 빵 반죽을 꿰어 숯불에 구워 파는 빵집과 꼬치경단 가게도 열었다. 창업 의욕이 넘치는 딸은 나중에 도넛 가게를 여는 것이 꿈이라고 한다. 그런 식으로 돈 한 푼 안 들이고도 그림일기에 쓸거리가 넘치는 방학을 보냈다.

딸은 네 살 무렵부터 식칼을 만졌다. 그러다 손가락을 베기도 했다. 또 어릴 때부터 엄마와 함께 달걀을 풀거나 밀가루를 개거나 했다. 주위에 나무를 자르고 깎아 스푼이나 펜던트를 만드는 방법을 가르치는 사람이 있어서 지금은 거기에 푹 빠져 있다. 내가 바다와 강에서 유목(流木)을 주워 장식품을 만드는 것을 흉내 내어 창작에 몰두하기도 한다.

요즘 아내의 관심사는 화로로 최고의 요리를 만드는 것이다. 그녀는 화로의 매력을 철저히 활용해 보고 싶다고 한다. 아닌 게 아니라 화로에 구운 꽁치는 정말 맛있다. 집집마다 화로가 있고 주변에 대나무가 많다 보니 이 지역 사람들은 대나무 숯불구이 요리를 자주 해 먹는다. 젊은 세대가 있는 가정에서는 정원에 테이블과 벤치, 의자를 놓고 바비큐를 해 가며 온 가족이 식사를 즐기기도 한다.

사토야마네트 아야베에서 지역 신문을 만들었을 때 250가구에 신문을 배포하는 일을 직원들이 직접 맡았는데, 나도 수많은 집 앞을 지나며 살펴보면 정원 풍경이 확실히 달라진 것을 느낄 수 있었다.

된장 담그기는
우리 집의 주요 행사

해가 갈수록 우리 집의 음식 자급률은 높아지고 있다. 다양한 수제 식재료 중 최고봉은 단연코 된장이다. 우리 집은 한겨울(1월 말부터 2월 중순)만 되면 슬슬 된장을 담가야겠다며 들썩거리기 시작한다. 된장국은 우리가 밤낮 먹는 음식이라 떨어지고 없는 날에는 우선 딸부터 불만을 터뜨린다. 그런 된장국이 초등학교 급식에는 한 달에 두 번밖에 나오지 않는다니 정말 충격이다.

된장 담그기는 2년에 한 번 있는 중요한 행사로, 우리는 올해도 온 가족이 무사히 지내기를 바라며 정성껏 작업을 한다. 옛날 방식 그대로, 장작불에 삶은 대두를 절구로 으깬 뒤 천연 소금과 집에서 만든 누룩을 섞어 알갱이가 있는 시골식 된장을 담그는 것이다. 옛날에는 출산한 소에게도 된장국을 먹여서 산후 조리를 도왔다고 한다. 이렇게 담근 집된장은 직접 키운 쌀과 함께 가족 건강의 원천이 되고 있다.

그러면 만드는 법을 자세히 알아보자. 된장 약 7.5킬로그램을 만들려면 쌀누룩 2킬로그램(백미 2킬로그램+붉은 누룩균 10그램. 시판되는 쌀누룩도 있음), 대두 2킬로그램, 천연 소금 0.8킬로그램이 필요하다. 도구로는 직사각형 나무 상자와 장독, 절구, 절굿공이, 쌀누룩 제조기, 국자, 대나무 껍질, 무명천, 종이, 끈, 누름돌, 큰 솥, 장작을 준비한다.

우선 쌀누룩부터 만든다. 나무 상자에 찐 쌀을 넣고 누룩균을 뿌린 다음 그것을 누룩균 제조기(전기로 온도를 관리함. 고타쓰를 써도 된다)에 하룻밤 보온한다.

한편 깨끗이 씻은 대두를 세 배 분량의 물에 하룻밤 담가 둔다. 그리고 처마 밑 아궁이에 큰 솥을 올리고 장작불에 대두가 부드러워질 때까지 삶는다. 이렇게 삶은 대두가 식기 전에 누룩과 천연 소금을 섞어 절구로 으깬다. 너무 많이 으깨면 덩어리가 작아지는데, 큰 덩어리를 남겨야 시골식 된장이 된다. 대두와 누룩, 소금이 잘 섞이도록 두세 번에 걸쳐 으깬다. 소금이 적으면 곰팡이가 생겨서 된장을 망칠 수 있다. 이때 쓸 절구, 절굿공이, 장독은 곰팡이 방지를 위해 미리 열탕 소독을 해 둔다.

이제 으깬 대두를 큰 국자로 떠내서 장독 바닥에 세차게 내리친다. 대두 속의 공기를 빼내기 위해서다. 마지막으로 표면을 평평하게 고른 뒤 곰팡이 방지를 위해 소금을 뿌린다. 그 위에 대나무 껍질이나 무명천으로 된 누름 뚜껑을 찰싹 붙여 덮고 누름돌을 올린다. 장독 겉에는 제조 날짜와 재료명을 써 붙인다. 장독 입구는 종이를 씌우고 끈으로 묶어 봉한다. 한 달 후 장독 속을 들여다보아 물이 누름 뚜껑 위로 올라왔다면 누름돌을 반으로 줄여 준다.

이렇게 여름 한 철을 지내면 숙성된 된장을 먹을 수 있다. 된장 담그기는 저염 된장을 만들려고 소금 양을 극단적으로 줄이지 않는 한 거의 실패가 없으므로, 식재료 자급에 막 입문한 사람도 도전해 볼 수 있다.

우리는 교토 시내의 아파트에 살 때부터 된장을 담가 먹었는데, 아파트처럼 폐쇄적인 공간은 된장의 숙성에 적합하지 않아 통풍이 잘 되는 지금의 집(본가)에 장독을 두었다.

지역 고유의 비법 된장을 만들고 싶지만, 제조법을 물려받은 사람이 없어서 못하고 있다. 아내는 조만간 비법 된장에 도전하고 싶다고 한다. 직접 만드는 식재료에는 그 외에도 매실장아찌인 우메보시, 모로미* 등이 있다. 떡도 직접 만들어 먹는다.

식재료 자급을 위해 산나물도 딴다. 시즈오카 현에서 이주한 야생

---

* 대두와 소맥분을 발효시켜서 만든 걸쭉한 액체로, 주로 간장을 만들 때 쓴다. 청주를 만드는 쌀누룩도 '모로미'라고 칭한다.

초 요리연구가 와카스기 도모코 씨에게 산나물 판별법, 요리법을 배운 덕분에 머위, 두릅, 쇠뜨기를 비롯한 다양한 산나물을 식탁에 올리게 되었다. 그에게 배운 다양한 민간요법 덕분에 의료 자급률도 조금씩 높아지고 있다.

덧붙이는 말

이제 와카스기 도모코 씨는 저서를 연달아 출간하느라 좀처럼 만날 수 없는 사람이 되었다. 게다가 우리 집과 그의 집은 자동차로 한 시간은 걸린다. 또 우리는 둘 다 강연 때문에 외부에 나가 있을 때가 많아서 일 년에 한 번만 보아도 자주 만나는 편이다.

벼농사는
가족·지역민과
함께하는
공동체 사업

온 동네가 총출동해
벼농사 개시

3월 초순, 경칩이 가까워지면 시골 마을은 술렁인다. 생명이 태동하는
봄기운 속에 올해도 벼농사를 시작해야겠다고 마음을 다잡는 계절이
온 것이다. 경칩이란 1년을 24마디로 나눈 24절기 중 하나로, 동면하
던 벌레들이 동굴 문을 박차고 지상으로 나오는 날이라고 한다.

    춘분이 되면 농가가 총출동하여 훼손된 농로(農路)를 복구한다. 이
일은 마을 사업이라서 공동체 의식을 느낄 수 있다. 집집마다 한 사람
씩 나와 4개 구획(가이치垣內*, 지자체를 지리적으로 더 작게 나눈 단위)으
로 나눠 들어간 뒤 삽과 괭이를 들고 각각 작업한다. 용달차로 자갈을

날라 농로에 깔기도 한다. 80세의 연로한 어르신도 묵묵히 함께 일한다. 일꾼들 중 아마 내가 가장 어릴 것이다.

이때쯤 두렁 태우기도 한다. 이는 논두렁, 밭두렁과 언덕에 불을 질러 풀을 태우고 벌레를 없애는 일인데, 이 풍경에서는 봄의 정취를 물씬 느낄 수 있다.

3월 중순에는 모 기르기를 한다. 모종 상자를 만들어 마을에 나눠 주는 사람은 앞에서도 언급한 카리스마 농사꾼 이노우에 요시오 씨다. 그는 넓은 면적에 벼농사를 짓고 있는데 새로 취농한 사람들은 그의 일을 도와 가며 농사를 배운다. 벼농사의 어려움과 즐거움을 함께 나누겠다는 그를 도와, 나도 2000년부터 모 기르기에 참여하고 있다. 덕분에 나는 특별히 더 좋은 모종을 받는다.

기계 모내기용 모종은 뿌리가 서로 얽혀 있어서 모내기할 때 뿌리가 끊어지기 쉽다. 뿌리가 끊어지면 벼가 잘 자라지 못한다. 반면 모종 상자를 쓰면 작은 상자 안에서 두세 포기의 모가 뿌리에 흙을 붙인 채 자라기 때문에 뿌리가 얽히지 않는다.

논밭을 적시는 봄비가 곡식을 잘 자라게 한다는 곡우(4월 20일경)에는 마을 사람들과 함께 도랑 치기를 한다. 이는 농사꾼들이 모여 저수지에서 논으로 이어진 수로의 흙과 돌을 제거하는 일이다.

그리고 4월 하순에는 트랙터와 경운기로 논을 간다. 요즘은 대부분

---

* '담장 안'이라는 뜻. 원래는 장래에 전답 등으로 개간할 예정으로 울타리를 쳐 놓은 땅을 말한다. 현대에 와서는 소규모 집락 혹은 그 안의 주택지와 경작지의 구획 등을 가리킨다.

트랙터를 쓰지만 우리 집은 아직 경운기를 쓴다. 기계에는 중유가 들어가는데, 환경을 생각해서 수작업을 하면 좋겠지만 논이 너무 넓어 도저히 엄두가 나지 않는다.

예초기를 써서 논과 논두렁의 풀도 벤다. 여기에는 시간이 꽤 걸려서 우리 논 한 면을 베는 데만도 한 시간가량이 소요된다. 지금은 좀 익숙해졌지만 오래 작업하고 나면 기계의 진동 때문에 손이 떨리기도 한다. 베어 낸 풀은 모아서 말린 다음 논에 집어넣는다. 이런 기계 풀베기는 모내기 전부터 가을걷이 사이에 대여섯 번쯤 실시한다.

4월 말이 지나면 농가마다 자기 논에 물을 채워서 써레질할 준비를 한다. 써레질이란 갈아엎은 논에 물을 채운 뒤 흙을 휘저어 논바닥을 평평하게 고르는 것이다. 내가 사는 지역에는 큰 것, 작은 것 합쳐서 저수지가 대략 40개나 있다. 필시 과거 높은 산도 없고 강도 없어서 물 때문에 고생했던 지역이리라.

그리고 5월 초순, 입하가 가까워지면 써레질을 시작한다. 모내기를 하기 쉽도록 물을 채워 놓은 논바닥을 경운기로 한 번 더 갈아 질척하게 만드는 것이다. 그리고 마지막에는 긴 막대를 활용해서 표면을 평평하게 고른다.

논두렁도 보수해야 한다. 미장이처럼 가래를 이용하여 논두렁에 진흙을 바르는 것이다. 그래야 논에 채운 물이 새지 않는다. 논두렁은 물의 무게로 무너지기도 하고, 두더지가 구멍을 뚫거나 사람이 밟아 무너지기도 쉬우니 미리 보강하려는 의도도 있다. 주로 나이 많은 분들이 하는 일인데, 이것으로 예전 고유의 농사 기술(토목 기술)이 얼마나 수준 높았는지 알 수 있다.

이처럼 모내기 전에는 준비를 꼼꼼히 해야 한다. 그래서 이 시기에는 종일 논에 있을 때도 많다.

사람의 손으로 하는 논농사, 가족 협동의 기쁨을 알려주다

논은 나에게 사색의 공간이다. 논에 나가면 논두렁에 앉아 쉬면서 이것저것 생각하고, 그때 느낀 것을 항상 들고 다니는 수첩에 적는다.

교토의 사찰 긴카쿠지 근처에 '철학의 길'이 있듯, 나도 내 서재로 활약하는 우리 논을 '철학의 논'이라 부른다. 논은 훌륭한 아이디어를 제공하고 사람을 성장시킨다.

농사를 하다 보면 물의 고마움을 깨닫고 열매의 소중함을 느끼며 음식에 대해 생각하게 된다. 또 개구리, 뱀, 너구리, 이런저런 곤충, 작은 생명에도 관심을 갖게 된다. 어릴 적 가족의 따스함을 떠올릴 때도 많다. 모내기 때 도시락을 싸 가서 함께 먹었던 기억, 가을걷이 때 배를 깎아서 나눠 먹던 기억 등등.

요즘은 쌀은 부산물이고 논에서 보내는 시간, 사색의 시간이 주산물 같다는 생각까지 든다. 명상하기 좋은 곳, 오직 혼자인 이곳에서 하늘과 잠자리를 바라보는 이 시간이 나에게는 무엇보다 소중하다.

논은 또한 가족 협동의 장이다. 논에서는 가족이 힘을 합쳐 큰일을 해내는 협동의 기쁨을 맛볼 수 있다. 어린아이도 함께 있는 것만으로 가족의 일원이 된 만족감을 느낄 수 있다. 하물며 조금이라도 도움이 된다면 그 기쁨은 배가 될 것이다.

그러나 지금처럼 기계에 의존하다 보면 논이 그런 역할을 못하게 된다. 심지어 요즘은 공중살포형 이앙기라는 것이 있어서 모를 산탄 총처럼 산산이 흩뿌려 모내기를 순식간에 끝내 버린다. 그 광경을 보고는 정말 깜짝 놀랐다. 수확도 2~3시간이면 끝난다. '10시간 농업'이라는 말까지 나오는 상황이다. 논갈이부터 벼 베기까지의 벼농사를 최단 10시간에 끝낼 수 있다는 뜻이다.

한편 5월 21일 전후는 24절기 중 소만에 해당한다. 소만은 양기가 강해져 만물이 생장하여 가득 차는 절기인데, 모내기를 이 소만 며칠 전에 끝내야 한다.

우리 집에서는 손으로 모종을 심는다. 이렇게 손으로 심을 때 가장 힘든 점은 허리를 굽혀야 한다는 것이다. 아버지, 아내, 내 호출을 받고 온 도시의 친구들이 함께하는 이 모내기를 우리는 '손 모내기 행사'라 부른다. 5~6명이 모여서 한 명이 다섯 줄씩 심으면 600평을 하루 한나절에 끝낼 수 있다. 점심에는 논두렁에 둘러앉아 아내가 직접 만든 요리를 먹는다. 모내기를 끝내고 집에 돌아오면 작은 잔치가 열린다.

누군가가 물려준 이앙기가 있지만, 모종 상자가 거기에 맞지 않아 쓸 수 없다. 게다가 기계 모내기를 하면 벼 포기의 간격이 좁아져서 벼가 스트레스를 받는다. 간격이 넓어야 통풍이 잘 되어 벼가 잘 자란다고 한다. 병충해에도 강해지는 것 같다.

모내기가 끝나면 자기 논의 물을 각자 관리하기 시작한다. 직업이 따로 있는 사람은 출근 전, 그리고 퇴근하는 길에 논을 둘러보고 비가 오는 날이면 빗물을 효율적으로 저장해 활용할 방법을 궁리한다. 또 논두렁에 두더지가 구멍을 뚫지는 않았는지 살펴본다.

매일 하는 이런 일을 조상들은 논 문안이라 불렀다고 한다. 또 거름주기는 '인사'라고 말한다. 같은 생명체로서, 인간은 식물과 감정을 주고받는 능력을 타고난 듯하다.

논에서
생명의 다양성을
발견하다

다양한 생명을 품은 논과
생명을 살리는 물

요즘은 생명의 기운이 느껴지지 않는 쓸쓸한 논이 많다. 독한 농약을 쓰다 보면 그렇게 되기 십상이다. 인공적으로 조성된 숲에 가 본 사람은 알 테지만, 그런 숲은 그저 나무가 울창할 뿐 생동감이 없다. 반면 자연 잡목림은 다양한 생명을 품은 채 생기를 내뿜는다. 마찬가지로 요즘 대부분의 논은 개구리가 가끔 있을 뿐, 그저 잠잠하고 쓸쓸하다.

하지만 우리 논에는 다양한 생물이 산다. 곤충 애호가라면 사족을 못 쓸 물자라와 게아재비도 아주 많다. 논우렁과 미꾸라지도 있어서 해오라기처럼 큰 새까지 찾아온다.

딸은 유치원에서 농사 체험과 진흙 놀이를 하면서 몇 번이나 가재를 잡아 왔다. 그래서인지 우리 논에도 대단히 관심이 많다.

우리 마을에는 물 당번이라는 것이 있다. 300평당 당번 횟수가 한 번이니 나는 총 두 번을 서야 한다. 옛날만큼 철저히 하지는 못하지만, 당번인 사람은 아침 일곱 시부터 저녁 다섯 시경까지 오토바이를 타고 마을 논을 둘러보며 물을 관리한다. 물이 적은 논이 있으면 저수지의 물꼬를 터서 물을 채워 놓는다(논 주인이 부탁할 때도 있다). 직업이 따로 있는 사람은 유급 휴가를 내서라도 당번을 선다.

옛날에는 물 때문에 이웃끼리 다투는 일도 많았을 것이다. 하지만 지금은 체계가 깔끔하게 정비되어 상호 협조하에 원활한 물 관리가 이루어지고 있다.

물 관리에서 가장 중요한 일은 물을 잘 담을 수 있는 논을 만드는 것이다. 또 벼를 베기 전에 가뭄이 들지 모르니, 모자라면 빗물로 보충하고 저수지의 물은 되도록 남겨두어야 한다. 저수지의 물은 옛날에는 '(생명을) 살리는 물'로 불렸다고 한다. 후세에 전하고 싶은 아름다운 말이다.

식물의 생존 전략에 감탄하다

9월 초순에 벼를 베기 전까지는 김매기를 하며 풀과 격투를 벌여야 한다.

우리 집의 경우, 모내기를 한 뒤 일주일 후부터 손으로 눌러서 쓰는 제초기를 모종 사이에 넣어 새로 난 풀을 뽑는다. 뽑힌 풀은 물에 띄워 놓거나 땅속에 묻는다. 같은 과정을 두세 번 반복하는데, 이렇게 하면 흙 속에 산소를 공급하는 효과도 있다. 600평을 작업하는 데 세 시간쯤 걸린다.

　수동 기계를 쓰는 농가는 고사하고, 요즘은 가솔린 엔진이 달린 제초기를 쓰는 집도 거의 없다. 대부분의 농가가 제초제를 뿌린다. 제초제를 써야 농사의 규모를 키울 수 있기 때문이다. 그러나 제초제를 쓰지 않으려는 '선진 농가'에서는 풀의 발아를 억제한다고 알려진 쌀겨를 논에 살포하는 등 다양한 실험과 연구를 진행하고 있다.

　우리 집은 제초기만으로 잡초의 기세를 따라잡을 수 없어서 손으로도 김을 매고 있다. 벼에게 갈 영양분을 빼앗는 야생 피와 물달개비, 등심초 등을 손으로 뽑아 내는 것이다. 이것들만 처치해도 어느 정도의 무농약 재배가 가능해진다.

　피는 벼와 모양이 비슷해서 초보자가 구별하기 어렵다. 식물의 생존 전략에 감탄할 뿐이다. 그렇다고 내버려두면 나중에는 벼보다 커져서 논에 씨를 뿌리고 대를 잇는다. 그래서 풀을 뽑자마자 벼 포기가 훌쩍 자라기도 한다.

　뽑아 낸 풀은 흙 속에 묻어 두 번 다시 뿌리내리지 못하게 하거나 논 밖에 버린다. 이 김매기는 시간을 어지간히 잡아먹는다. 그래서 더운 낮을 피해 이른 아침이나 저녁에 하는 것이 좋다.

　기계 없이 쌀농사를 지으려면 가장 힘든 점이 김매기와 모내기 때마다 허리를 굽혀야 한다는 것이다.

힘들게 그러지 말고 제초제를 쓰라고 충고하는 사람도 있지만, 나는 수확량을 늘리려는 것이 아니라 가족이 먹을 만큼만 얻으려는 것이니 되도록 내 손으로 일해서 수확의 기쁨을 맛보고 싶다. 또 가족의 건강, 환경, 작은 생명들을 해치지 않기 위해서라도 농약은 쓰지 않을 것이다. 내가 농약을 쓴다면 필시 농사를 그만둘 때가 된 것이리라.

그렇다고 이웃에서 농약 뿌리는 것을 싫어하는 것은 아니다. 담이 쳐져 있는 것도 아니라서 논은 전부 연결되어 있지만 나는 그다지 신경 쓰지 않는다. 수확량이 적더라도 농약을 안 쓰는 게 좋다는 사실은 누구나 안다. 알지만 어쩔 수가 없는 것이다.

규슈의 우네 유타카 씨는 '저농약'이라는 말을 일본에 전파한 사람으로, 논에 사는 곤충을 잘 구분해 관리하자고 주장한다. 그 구분에는 우네 씨가 개발한 '충견판(虫見板)'이라는 해충 감별 도구를 활용하면 좋을 것이다. 알고 보면 논에는 익충인 거미도 많다. 나는 거미나 개구리 등 많은 생명이 서식하는 논을 만들고 싶다.

곤충 피해를 피하기 위해 농약을 쓰기보다 해충을 이기는 강한 벼를 만들면 어떨까? 생명력이 강할수록 알곡도 실해질 것이다.

오리 농법을 보러 갔을 때는 논에 잡초가 전혀 없는 것에 깜짝 놀랐다. 오리가 잡초와 벌레를 다 먹어 치워 논이 깨끗해진 것이다. 요즘은 오히려 오리의 먹이가 부족하여 논에 해조류를 뿌려 준다고 한다. 하지만 벼만 덩그러니 자라는 논은 조금 이상해 보였다. 이건 내 가설이지만, 다양한 생명이 공존하는 편이 벼에도 좋지 않을까?

해충은 질긴 벼보다 부드러운 피를 좋아하므로 논에 피가 있어야 벼를 지킬 수 있다는 사람도 있다. 이와 관련해 요즘 공영 식물(Companion Plant, 共榮植物), 즉 식물의 공생에 대한 연구가 한창이다. 예를 들어 채소 옆에 부추를 심으면 부추 냄새 때문에 곤충이 접근하지 못한다는데, 그런 방법을 연구하는 것이다.

그런가 하면 농약, 제초제, 화학 비료와 함께 패키지로 판매되는 종자를 거리낌 없이 쓰면서 농약까지 습관적으로 뿌리는 농가가 있다. 농약을 뿌리지 않은 쌀은 잘 안 팔린다고도 한다. 하지만 도시에 직판 고객을 확보하고 유기농을 하는 사람은 농약을 쓰지 않는다. 기껏해야 제초제를 한 번쯤 사용하는 정도일 것이다.

해마다 풀을 베서 빈 땅으로 만드는, 논은 공평하다

나는 논에 농약뿐만 아니라 비료도 거의 뿌리지 않는다.

날아가는 새가 떨어뜨린 변이 비료가 되고, 곤충의 사체가 모이면 양분이 된다. 잡초 역시 에너지 덩어리이므로 흙으로 되돌려 순환시킨다. 나는 새와 곤충이 매일 놀러오는 논을 만들고 싶다. 논은 새와 곤충들의 잔칫집이다.

여름철에는 논에 오래 머무른다. 이쪽의 풀을 뽑아 놓으면 금세 저쪽에서 풀이 올라오니 술래잡기를 할 수밖에 없다. 연로한 아버지도 일손을 보태시는데, 일을 하시면서도 김매는 것만 전문가한테 맡기면

안 되겠냐며 투덜대신다.

벼를 벨 때까지는 정신이 없지만, 유치원 여름방학에는 아이와 캠핑을 가느라 며칠씩 집을 비우기도 한다. 물과 볕만 있으면 잡초가 금세 올라오니, 우리처럼 집을 비울 때면 벼가 없는 곳에 종이를 덮어서 해를 가리는 논도 있다. 그런데 그렇게 애를 써도 풀은 쑥쑥 자라난다. 풀이 자라지 못하게 하려고 물을 가득 채우는 논도 있다. 그러면 풀이 햇빛을 못 받아 수면 위까지 자라지 못한다. 오리도 흙탕물을 휘저어 햇빛이 물속까지 닿지 못하게 하는 역할을 한다.

도시의 친구들에게 유급 휴가를 내서 김매러 오라고 부탁할까? 아니면 논 옆에 김매기 일꾼을 모집한다고 써 붙여 놓을까? 이런 생각을 진지하게 하게 될 정도로 김매기는 힘들다. 그러나 추억은 아름답다고 했던가? 옛날이야기로 화기애애해질 때마다 단골로 나오는 이야기가 바로 이 김매기의 고생스러운 추억담이다.

벼가 어느 정도 자라고부터는 논에 들어가지 않게 된다. 거기에는 벼가 피부에 상처를 낸다는 이유도 있다. 무농약 농사꾼 중에는 펜싱 보호구로 무장을 하고 김을 매는 사람도 있다. 하지만 벼가 햇빛을 다 빨아들일 정도로 커지면 풀에 햇빛이 닿지 못하니 김을 매지 않아도 된다. 논에서도 식물끼리 일조권 다툼을 한다는 것이 재미있다.

논은 공평하다. 해마다 풀을 베서 일단 빈 땅으로 만드니, 만물에 공평한 경쟁 환경이 주어지는 것이다. 풀을 베지 않으면 강한 것만 살아남아 생태계의 균형이 무너진다.

7월에 벼가 다 자라기 전까지는 아침부터 해가 질 때까지 총 너덧 시간쯤 논일을 한다. 단, 대낮에는 더워서 논일을 못하므로 대신 다른 일을 한다. 해의 움직임에 따라 일과를 정하는 것이다.

입추부터 초가을 기운이 떠도는 처서 사이(8월 중순)에는 논의 물을 빼서 땅을 말린다. 논에는 제각각 물을 빼기 위한 배수 장치가 마련되어 있다. 단, 우리 집에서는 물을 한꺼번에 빼지 않고 자연에 맡기는 방법을 쓰고 있다.

농사는
인간 교육의
장이다!

햅쌀 탄생에
설레는 계절

9월 초순, 본격적인 가을이 시작되고 야생초에 흰 이슬[白鷺]이 맺히는 절기, 백로가 찾아온다. 한편으로는 아직 가시지 않은 더위에 지치는 날씨이기도 하다.

이때 드디어 벼를 벤다. 우리는 바인더(친척이 물려준 구식 수확기. 벼를 한 줄씩 베어서 묶어 준다)와 낫을 병용한다. 단, 잡초가 논을 뒤덮은 상태에서는 기계를 사용할 수 없다. 그래서 낫으로 벤 다음에 작년에 남겨둔 볏짚으로 볏단을 묶는다. 짚을 적셔서 묶는 법은 숙모님께 배웠다.

짚으로 묶은 벼는 4단짜리 건조대(철로 만든 삼각대에 대나무 봉을 가로지른 것. '볏덕'이라고도 함)에 널어 열흘에서 2주 정도 야외 건조시킨다(지금은 대부분 기계 건조를 한다).

내가 어릴 때는 볏덕이 10월 중순의 가을 축제 때까지 논에 있었다. 비가 많이 오는 해에는 걸어 놓은 상태로 벼가 발아하는 '이삭 발아'도 흔했다. 나도 농업을 시작한 지 2년째에 이삭 발아를 경험하고 벼의 생명력에 경탄했다. 이처럼 벼를 밖에 내놓고 말리다 보면 그 해의 수확량을 이웃들도 자연스럽게 알게 된다.

그리고 9월 셋째 주 월요일 전후로 맑은 날이 계속되는 날짜를 예측해 탈곡을 한다. 우리 집이 아마 마을에서 가장 늦게 탈곡을 할 것이다. 그날은 무료로 받은 수확기를 꺼내 놓고 온 가족이 모여 이삭에서 낱알을 털어 낸다. 이 벼 타작은 세 시간이면 끝난다. 짚은 밭에 쓸 것과 내년 벼 베기에 쓸 것만 남기고 모조리 잘게 잘라 논에 뿌린다. 이삭을 우리처럼 자연 건조하지 않는 일반 농가는 기계 건조를 한다. 잘 말리지 않으면 왕겨가 썩어 쌀을 오래 보관할 수 없어서 반드시 건조해야 한다.

탈곡 후에는 도정을 한다. 이 작업에는 특수한 도정기가 필요하지만 우리 집에는 그 기계가 없어서 친구인 다카하시 데루에게 매년 부탁하고 있다. 30대 초반의 그는 회사를 다니다가 퇴사한 뒤 한동안 해외를 여행하다가 아야베로 유(U)턴하여 전업 농사꾼이 된 사람이다.

최근에는 쌀 생산과정에 필요한 전반적 시설을 갖춘 대형 라이스

센터에서 탈곡과 정미를 하는 사람이 많은데, 잘못하면 내 쌀이 다른 집 쌀과 섞인다고 한다. 이는 농가의 의욕을 저하시키는 한 요인이 된다.

드디어 햅쌀이 탄생한다. 우리 집의 수확량은 현대 농업(화학비료, 제초제, 농약 사용)을 하는 일반 농가의 60퍼센트 정도일 것이다.

덧붙이는 말

그 후 다카하시 데루는 아야베 시의원 선거에 도전했고 두 번 연속으로 1위를 차지하며 지역의 기대주로 부상했다. 나도 아야베에 유턴하자마자 데루 씨를 만나 보라는 조언을 들었다. 그때부터 농사일에 관해서도 이래저래 신세를 지고 있다.

식량과 에너지 자급을
가르치는 유치원

벼 베기가 끝나면 우리 집에서는 작은 수확제가 열린다. 우선 모내기와 벼 베기를 도와준 친구들에게 감사의 선물로 햅쌀을 보내고 우리 가족이 먹을 것을 빼놓은 뒤, 지인에게 판매하거나 물물교환을 한다. 물물교환은, 예를 들어 쌀을 재배하지 않는 도예가에게 가서 쌀과 요리용 그릇을 바꾸는 것을 말한다. 이는 바람직한 미래의 생활 방식 중 하나라고 생각한다.

햅쌀은 묵은쌀이 떨어진 뒤에 먹는다. 우리 집에서는 먹는 당일에 도정을 한다. 쌀겨가 붙은 채로 보존하면 품질이 오래 유지되는 데다 여차할 때는 볍씨(종자)로도 쓸 수 있기 때문이다.

벼를 벤 후에는 가을 논갈이를 하는 것이 보통이다. 이는 트랙터로 벼 밑동을 흙 속에 파묻는 일인데, 요즘은 이렇게 논갈이를 한 후 논에 물을 채워 겨울을 나는 것이 유행인 듯하다. 하지만 나는 잡초가 자라든 말든 그 상태 그대로를 유지하려고 노력한다. 그래서 내 논은 잡초가 자라 있으면 농사를 쉬는 상태, 잡초를 베고 갈아엎었다면 금세 무언가 심을 준비를 하는 상태다.

모내기 때와 벼 베기 때에는 딸도 친구들을 데려와서 돕는다. 유치원에서는 원아들에게 쌀농사 체험을 시킨다. 그뿐만 아니라 수확제를 열기도 하고, 체험을 위해 논을 빌려준 집에 수확한 쌀을 들려 보내기도 한다.

유치원에는 이것 말고도 재미있는 행사가 있다. 원아들이 옛날이야기에 나오는 나무꾼 할아버지, 할머니처럼 꾸미고 산에 올라가는 것이다. 거기서 땔나무나 잔가지를 주워 모아 신문지로 싸 놓으면 선생님이 그것을 짊어지고 유치원에 가져다준다. 그리고 유치원에 돌아오면 자신이 키운 고구마를 그 나무나 잔가지로 피운 불에 구워 다 함께 배불리 먹는다. 식량과 에너지를 스스로 조달하는 법을 가르치는 매우 좋은 행사라고 생각한다.

가족은
어떤 역할을 할까

어른, 아이 할 것 없이 자신이 남에게 도움이 된다는 사실을 알면 기쁘기 마련이다. 나 역시 어릴 때 논에서 일을 조금 도왔을 뿐인데도 부모님이 고맙다, 도움이 됐다고 말해 주시면 마치 어른이 된 듯한 기분이었다.

옛날 시골에서는 어린아이도 귀중한 노동력이었다. 그래서 아이들도 자신이 가족에게 소중하고 필요한 존재임을 느낄 수 있었고, 가족애는 그렇게 자라났다.

옛날 부모들은 아이가 성장함에 따라 다양한 임무를 부여했다. 예를 들면 닭을 돌보는 일이 있다. 부모는 무리 중 약한 놈에게 모이 먹이는 방법을 가르쳐 주고, 닭을 밖에 풀어 놓았다가 닭장에 넣을 때는 대장 격인 놈을 먼저 몰아넣어야 한다는 요령도 가르쳐 준다. 그리고 아이는 이런 가르침을 나름대로 궁리해 가며 체득한다. 아이의 지혜는 이런 생생한 체험을 통해 자라는 것이다.

어릴 적 우리 집에는 부모님, 누나, 할머니가 살았다. 나는 3세대가 힘을 합쳐 농사일을 하며 가족이란 '생명'과 '물건'을 재생산하는 공동체임을 자연스럽게 배웠다.

가족애, 가족의 협동으로 식량을 자급하고 생명을 이어 나간다. 이것이야말로 생명을 기반으로 한 생활인 것이다. 이것을 가르치는 것이 가족이며, 그 교육이야말로 가족이 본래 지닌 최대의 기능이다. 하지만 지금의 도시 생활에는 그런 교육이 없다. 그리고 이제 시골도 그렇게 되어 가고 있다.

아야베에서도 대규모 농업과 자급 농업의 양극화가 심화되고 있다. 이주한 사람들은 자기 가족과 친구, 지인에게 조금씩 나눠 줄 정도만 생산한다. 무리하면 본업인 X에 영향을 주기 때문이다. 모두 나름의 타협을 한 것이다.

참고로 우리 밭에서는 앞서 말한 고구마, 콩 외에도 당근, 양파, 무, 순무, 오이, 가지, 토마토, 감자, 여주, 우엉 등의 일식 재료를 무리하지 않는 범위 내에서 기르고 있다.

제3장

꼭 찾아내자!
'나'라는 매력 넘치는 원석

좋아하는 일과 쓸모 있는 일의 조화-반X의 방향성

없는 것에 대한 집착에서
있는 것 찾아내기로

70세의 나이에 농가 민박을 시작하다
– 행복한 일 1

타인의 X를 지원하는 것을 직업으로 삼은 나의 권유에 따라, 넓은 집에 혼자 살던 시바하라 기누에 씨는 농가 민박 운영이라는 커다란 X를 실천하게 되었다.

시바하라 씨는 현재 70세. 민박을 시작한 지 일 년이 다 된 지금도 사토야마네트 아야베의 홈페이지에는 그녀의 민박 이야기를 입소문으로 듣고 신청하는 사람이 끊이지 않는다.

시바하라 씨는 자신의 민박집에 '지금 그대로'라는 간판을 써 달았다. 이 명칭에는 '당신의 있는 그대로가 좋으니 자기 본연의 모습을 찾으라'는 마음이 담겨 있다. 주인장인 시바하라 씨도 아무런 꾸밈없이 평소 모습 그대로 여행자를 맞는다.

민박집 지금 그대로는 아야베의 북동단 산골짜기의 이이즈미 마을에 있다. 이곳에는 반딧불이는 물론, 도롱뇽까지 있다. 게다가 지명이 이이즈미(伍泉)가 되었을 정도로 여기저기서 물이 솟아난다. 커피 끓일 때 이 물을 즐겨 쓴다는 사람도 있고 쪽 염색을 할 때 용천수를 써서 진한 남빛을 낸다는 사람도 있다. 가끔은 50마리쯤 되는 원숭이 떼가 모습을 드러낸다. 그도 그럴 것이, '지금 그대로'는 간선도로에서 꽤 멀리 떨어져 있어 자동차 통행이 거의 없는 데다 휴대전화 신호조차 잡히지 않는 곳이다.

여러 번의 수리를 거쳤음에도 123년 된 고택의 정취는 여전하다. 여기에는 토방(土房)과 장작을 때는 고에몬부로(伍右衛門風呂)*도 있다. 원래 있던 헛간은 개조를 거쳐 다실 비슷한 공간이 되었다. 마당에는 '아야베의 유명한 나무 100그루'에 뽑힌 나무 두 그루가 우뚝 선 채 유구한 시간의 흐름을 전해 준다. 그 나무 그늘에서 마시는 말차(末茶)는 참으로 맛있다.

수익 사업이 아니므로 체험 신청자는 실제 비용 정도만 내면 된다. 그리고 저녁밥과 다음 날 아침밥은 시바하라 씨와 함께 먹는다. 이 음식의 대부분은 뒷산에서 캔 산나물, 밭에서 딴 채소로 만들어진다. 지금 그대로에서는 밭일, 머위 따기, 산초 캐기, 밤 줍기, 등나무 바구니

* 부뚜막 위에 직접 거는 일본식 철제 목욕통.

짜기, 시골길 걷기 등의 시골 체험을 할 수 있다. 계절에 따라 체험의 종류도 달라지는데, 손님의 요청에 따라 반딧불이나 장수풍뎅이를 잡을 수도 있다.

이곳을 방문한 사람들은 밥을 먹으며 시바하라 씨와 이야기하는 것이 재미있다고 한다. 옛날 사람들의 생활, 자연과의 공생, 환경 문제에 대한 이야기, 심지어는 인생 상담으로 이야기꽃이 피어난다. 시바하라 씨와 더 이야기하고 싶어 다시 방문하는 사람도 적지 않다. 그쯤 되면 마치 친척집을 방문하는 기분일 것이다. 아무래도 지금 그대로의 최고의 장점은 시바하라 씨의 인품인 듯하다.

사토야마네트 아야베에서 아야베의 시 승격 50주년을 기념하기 위해 '아야베의 마음의 풍경'이라는 주제로 수필을 모집한 적이 있다. 그때 시바하라 씨도 응모했는데, 나와의 인연도 그때부터 시작되었다. 인상적인 글을 쓴 시바하라 씨를 만나 보고 싶은 생각에 내가 집으로 찾아갔다. 같은 아야베지만 우리 집에서는 차로 약 한 시간이 걸리는 곳이었다.

"이 넓은 집에 혼자 사니, 도시 사람들이 놀러 오면 좋을 텐데"라고 시바하라 씨가 무심코 흘린 말에 내가 농가 민박을 권했다. 그래서 아야베의 첫 상설 농가 민박이 탄생하게 되었다. 그 전부터 사토야마네트 아야베에서는 전원생활 체험 투어를 운영하면서 농가 민박의 가능성을 모색하고 있었다. 아야베에는 숙박을 하며 시골 체험을 할 만한 곳이 별로 없었다. 그래서 천천히 더 있고 싶어도 당일 투어로 만족해야 했다.

시바하라 씨는 지금 그대로가 새로운 삶의 보람이라고 말한다. 뜻밖의 보람을 찾은 덕분에 매일이 즐겁고 활기차다. 그래서인지 '이것도 해 볼까?', '이것도 괜찮겠는데?'라는 아이디어가 계속 떠오른다고 한다.

시바하라 씨도 원래 농사를 지었지만, 지금은 본인과 손님이 먹을 만큼만 남겨 놓고 논밭을 처분했다. 단, 뒷산에 있는 밭은 나중에 자신이 묻힐 귀중한 땅으로 남겨 둔 듯하다.

시바하라 씨는 넓고 낡은 집, 고에몬부로, 시골의 자연환경, 그리고 사람을 좋아하는 사교적 성격 등 '이미 있는 것'을 활용하여 도시 사람들을 매료시키고 있다. 즉 새삼 특별할 것 없는 일상적인 자원을 X로 활용함으로써 새로운 삶의 보람을 창출한 것이다. 시바하라 씨의 삶이야말로 고령사회에서도 행복감, 충족감을 느끼며 살아가는 반농반X의 표본이다. 우리 주변에도 이렇게 활용할 수 있는 자원이 많지 않을까?

시바하라 씨의 남편은 10년간 쓸 정도의 장작을 남겨 놓고 몇 년 전에 먼저 세상을 떴다. 시바하라 씨는 "이건, 장작이 떨어질 때까지 이 일을 계속하라는 남편의 뜻인지도 모른다"라고 이야기한다.

그래서 나는 다음 방문객부터는 뒷산에 데리고 가 고에몬부로의 물을 데울 땔나무를 함께 주워 보라고 제안했다. 그러면 농가 민박을 더 오래 지속할 수 있을 테니 말이다. 즉 소중한 무언가를 젊은이들에게 계속 전할 수 있는 것이다.

상설 농가 민박은 이제 걸음마 단계다. 그리고 내 X는 아야베에 그런 곳을 더 많이 만드는 것이다. 나는 인생을 차분하게 돌아보거나 점검할 기회를 더 많은 사람에게 제공하고 싶다. 그 시간은 분명 평생의 보물이 될 것이다. 번잡한 것이 사라진 시골이라면 충분히 가능한 일이다.

지금은 이렇게 도시 사람이 시골로 여행을 가는 시대다.

농가 민박은 어떤 의미에서는 혁명적인 발상인지도 모른다. 지금 우리 사회에는 자신을 조용히 돌아볼 만한 공간이 절실히 필요하다.

덧붙이는 말

언제나 젊은 시바하라 씨지만 실제 나이는 벌써 80세를 넘었다. 그래서 어쩔 수 없이 민박집 운영을 은퇴하게 되었다. 그래서 문고판을 간행할 때 시바하라 씨의 이야기를 일부러 추가했다. 정말로 좋은 인연이며, 내게는 돌아가신 어머니처럼 소중한 분이다. 건강하게 오랫동안 우리와 함께 하셨으면 하는 바람이다.

80세가 되어서야 남을 가르치는 선생이 되었다
– 행복한 일 2

80세의 시가 마사에 씨는 현재 소바보로 과자 만들기 교실의 강사로 활약하고 있다.

"여든 살이 넘어서야 처음으로 남을 가르치는 선생이 되었으니, 앞으로 10년은 열심히 할 거야." 자신의 X를 찾은 시가 씨의 각오다.

시가 씨가 사는 곳은 시내 근처의 다노 마을. 나는 거기서 우연히 길을 잃고 헤매다가 시가 씨를 만나게 되었다.

지나다 보니 어느 집 정원에 좁쌀 같은 식물이 있어서 들여다보았는데, 그곳이 바로 시가 씨의 집이었다. 그래서 마침 집에 있던 시가 씨에게 "신기하네요. 이거 좁쌀이에요?"라고 물었다. 내가 가지야 마을에 산다고 하자 시가 씨는 자신의 본가도 그 근처라며 그리워하는 듯한 표정을 지었다. 그렇게 의기투합하여 교류를 시작했다. 그런데 그때 대접받은 소바보로가 너무 맛있어서 여기저기 소문을 냈더니 만드는 법을 가르쳐 달라는 요청이 여기저기서 들어오기 시작했단다. 시가 씨는 원래부터 휴경지에 메밀을 키워서 메밀국수를 뽑아 내며 지내곤 했다.

그리고 2003년 2월, 시가 씨의 여든 번째 생일에 드디어 사토야마 교류 연수 센터(구 사토야마니시 초등학교) 내에 '아야보로 학원'이라는 이름의 소바보로 강좌가 열리게 되었다. 강좌를 주최한 사람은 지역 문화와 지혜를 계승하기 위해 서당을 운영하는 무라카미 아키라(아야베의 지역 화폐 '유라'를 발행하는 유라 기획 공동대표) 씨였다.

시가 씨의 소바보로에는 '아야보로'라는 브랜드명이 있다. 그 맛과 추억에 감격한 시카타 야스오 아야베 시장이 그 이름을 붙여 주었다.

많은 사람이 만드는 법을 가르쳐 달라고 하는 덕에 자신이 남에게 도움이 된다는 것을 알게 되자, 시가 씨는 용기백배하여 새로운 수제 과자 개발에 도전하고 있다. 시가 씨는 음식의 소중함, 직접 만든 음식의 장점을 주변에 널리 알리고 싶어 한다. 이처럼 자신이 아직 쓸모가 있다는 사실을 알면 특히나 노인들은 큰 기쁨과 자부심, 활력을 얻게 된다. 고령자에게는 수입보다 활력과 의욕이 훨씬 중요하다. 그러므로 이런 행복한 일이야말로 장래 사회의 이상적인 직업이라 할 수 있다.

덧붙이는 말

시가 씨가 만든 소바보로는 이제 어엿한 인기 상품이다. 시가 씨의 조카 부부가 근무하는 아야베 작업소에서 '아야보로'라는 이름을 붙여 시내 · 외에서 판매한 성과다. 상품 포장은 화지의 장인이자 디자이너로 유명한 하타노 와타루 씨가 맡았다. 시가 씨는 이제 90대로 접어들었다.

좋은 지역의 조건이란?

지금은 없는 것에 대한 집착을 버리고 있는 것 찾아내기에 집중해야 하는 시대다. 우리가 보지 못할 뿐, 우리에게 '이미 있는 것' 말이다.

당연한 소리일지도 모르지만, 전원생활 체험 투어에 참여한 이타마에 씨의 "요리는 있는 것만으로 충분히 만들 수 있다"라는 말에 나는 새삼 감탄했다. 된장, 간장, 소금 등 기본적인 조미료만 있으면 밭과 뜰, 냉장고 안, 창고 깊숙한 곳에 잠들어 있는 재료들로 대개의 요리를 만들 수 있다는 것이다.

소재를 조합해 무엇이든 만들 수 있다는 이 발상은 우리 삶과 사회의 문제를 찾아내고 해결하는 데에도 큰 의미를 지닌다.

사람도 마찬가지다. 각자의 X를 조합하면 다양한 아이디어가 나올 것이다.

지금 농촌과 지방의 지역 활성화를 위한 새로운 방안으로 '지역학'이 떠오르고 있다. 지역학이란 지역민(토박이)이 당연하게 생각하는 지역 자원 및 생활 문화의 가치와 의미를 외부인(뜨내기)의 관점으로 발굴해 지역 활성화에 활용하는 것을 말한다. 단, 공공단체나 기업과 같은 외부의 힘에는 의존하지 않아야 한다. 주민 스스로가 주체가 되어 '있는 것 찾아내기'를 하는 데에 진정한 의미가 있기 때문이다.

지역학은 내 마음속 스승이자 센다이의 민속 연구가인 유키 도미오 씨, 그리고 구마모토 현 미타마타 시청 지역학 사무국장 요시모토 데츠로 씨가 비슷한 시기에 제창한 개념으로, 그 역사는 아직 10년에 불과하지만 세간의 큰 관심을 받고 있다.

농산어촌문화협회(농문협, 農文協)에서 발행하는 잡지 『증간 현대농업』의 편집자 가이 료지 씨는 지역학을 다음과 같이 설명한다.

지역학은 없는 것에 대한 집착이 아닌 있는 것 찾아내기다. 이제는 대도시를 부러워하면서 '여긴 아무것도 없다'고 한탄하지 말자. 이에 유키 씨는 '의식의 원격 대상성'으로부터의 탈피, 요시모토 씨는 '정체성 폐쇄증'으로부터의 탈피를 주장한다. 의식의 원격 대상성은 가까운 것보다 멀리 떨어진 것을 가치의 대상으로 보는 경향을 말하며, 정체성 폐쇄성은 지역의 개성을 파악하지 못한 채 모든 변화와 외부 의견을 무비판적으로 받아들이는 경향, 또는 들어보지도 않고 모든 것을 부정하는 경향을 말한다.

돈만 생각하는 경제 활성화 대책은 도시의 풍요를 부각시킬 뿐이라서 지역은 결국 없는 것에 대한 집착에 빠지게 된다. 그러나 돈이 아닌 자연 풍토, 생활 문화, 공동체, 돈에 얽매이지 않는 생활 양식 등 지역에 다양하게 존재하는 가치로 눈을 돌리면 그 지역만의 풍요가 부각된다.

누구나 간단하게 있는 것 찾아내기를 실천할 수 있다. 일단은 토박이와 뜨내기가 한데 어울려 지도와 사진기, 색연필을 들고 지역을 돌아다녀 보자. 그러면서 물의 경로를 조사하고 식물, 음식, 놀이, 집과 땅, 자연 신(神) 등의 사진을 지도에 붙여 만든 '지역 자원 카드'와 '지역 자원 지도'를 가지고 토론을 하는 것이다. 지역 활성화는 거기서부터 시작된다.

유키 씨는 좋은 지역의 조건으로 '좋은 자연과 풍습·일을 배울 수 있고, 기분 좋게 살 수 있으며 친구가 세 명 이상 있는 곳'을 들었다. 한편 요시모토 씨는 '지역 생활을 즐기는 동시에 생명이 존재하는 기반이자 장래의 유산인 고향 바다, 산, 강을 지키고 전할 수 있는 지역 경제·사회를 만들고 싶다'고 이야기한다. 이것이 곧 지역학을 통한 지역 활성화의 이상향일 것이다.

지역 지도 만들기로
지역을 재조명하다

우리 도요사토니시 지역은 환상적인 일러스트로 채색된 '도요사토니시의 날개 돋는 지도'를 만들어 지역 자원 탐색을 실천했다. 그 제작을 도맡은 사람은 내 친구이자 일러스트레이터인 다카 미요코다.

2000년, '마키도키무라'의 누추한 우리 집에서 니시다 다쿠지 씨(24쪽 참조)의 작은 강연회가 열렸는데 인연이 닿아 다카도 그 자리에 참석했다. 그리고 그녀는 그 후로도 몇 번이나 아야베에 왔다. 다카는 많은 사람과의 만남, 마음이 치유되는 '시골 풍경'에 매료되었다고 한다. 그런데 마침 시청 농림과에서 사토야마네트 아야베에 지역 지도 제작을 의뢰했다. 그래서 우리는 때마침 잘됐다는 생각으로 취재와 일러스트, 디자인에 이르는 모든 작업을 다카에게 맡겼다. 약 일 년 뒤, 우리 집 별채에는 다카의 방이 마련되었다.

이때부터 지역학이 대두되기 시작했다. 즉 20세기의 '없는 것에 대한 집착'을 버리고, 지역에 이미 존재하거나 잠재된 보물(자원, 유산, 경험, 기억)을 재조명하는 '있는 것 찾아내기'로 지역 활성화의 방향이 전환되기 시작한 것이다. 그래서 지역 지도 제작이 전국적으로 선풍이었다.

다카는 우선 현지에 머무르며, 때로는 여행자처럼 때로는 주민처럼 스케치북을 든 채 돌아다녔다. 아침저녁으로 시골 공기를 마시고 빛과 바람을 느끼며, 유쾌한 노인들과 많은 대화를 나누는 중에 귀중한 이야깃거리들을 찾아냈다. 다카의 말에 의하면 각 노인마다 세 시간씩 인터뷰를 했는데도 시간이 부족했다고 한다. 또 이야기에 몰두하다 보면 어느새 노인의 얼굴에 빛이 나기 시작했다고도 한다.

다카는 기존의 지도를 보다가 예전 초등학교 구역의 지형이 새가 날개를 펼친 모양과 비슷하다는 것을 발견했다. 그래서 탄생한 것이 세상에 단 하나뿐인 지역 지도 '도요사토니시의 날개 돋는 지도'다. 그 이름에는 모든 사람이 '가능성의 날개'를 펼치기를 바라는 마음이 담겨 있다.

'다카'라는 외부의 눈을 빌린 덕분에 고니시 마을의 차(茶) 만들기, 가지야 마을의 꽃창포원, 오바타 마을과 소라야마 그룹이 공동 제작한 오바타 된장, 지역 호족인 오바타 로쿠자에몬에 얽힌 민화 등 많은 지역 자원이 새롭게 주목받고 있다. 지도에는 다카 씨가 추천하는 '콧노래가 나오는 곳'과 '도시락 먹기 좋은 곳'도 표시되어 있다. 지역학적 이해와 자기 탐색의 요소가 잘 어우러진 이 지도는, 들여다보기만 해도 왠지 위로가 된다는 평가를 받고 있다. 지역에도 분명 고유의 X가 있는 것이리라.

여담이지만, 내 딸이 그림 그리기를 좋아하게 된 것도 다카 덕분이다. 지금 다카 역시 자신의 X를 발굴하는 중이다.

아야베에는 성하 마을다운 면모를 보여주는 상가 거리, 그리고 시골 특유의 오랜 민가가 많이 남아 있다. 이런 집은 만들어 쓰는 지혜와 생활의 요령, 장인의 기술이 가득한 보물 상자와 같다. 하지만 이렇게 매력적인 오래된 민가는 한번 망가지면 재생하기가 무척 어렵다. 이런 자원들을 아야베의 보물, 자랑거리로 만들어 아야베의 역사와 더불어 다음 세대에 계승하고 싶다. 이 역시 있는 것 찾아내기의 일환일 것이다.

개인적인 바람이지만, 아야베에 이런 지역 지도가 20개쯤 있으면 최첨단 마을 만들기도 가능해질 것이다. 만약 1억 엔 지역 창생 사업[*]이 다시 시행된다면(절대 그럴 일은 없겠지만) 바로 이런 곳에 돈을 써야 하지 않을까 싶다.

우리가 만든 지도에 자극을 받아, 구치칸바야시 지역의 중고등학생 단체인 '낙학숙'에서도 1년 반을 들여 '태평하고 느긋한 구치칸바야시'라는 훌륭한 지도를 만들어 냈다.

덧붙이는 말   ❦❦❦

결혼 후 성이 다야로 바뀐 다카는 현재 수도권에서 일러스트와 디자인 일을 하고 있다. 내가 운영하는 1인 출판사 '반농반X 퍼블리싱'의 첫 책, 개정 『반농반X라는 삶의 방식-실천편』의 장정과 디자인은 다카의 작품이다.

* <u>스스로</u> 생각하고 <u>스스로</u> 행동하는 지역 만들기 사업. 통칭 '지역 창생 사업'은 1988년부터 1989년에 걸쳐 일본 정부가 각 기초자치단체에 1억 엔씩을 교부하여 지역 진흥을 장려한 정책이다. 1억 엔을 교부했다는 이유로 '1억 엔 지역 창생 사업'이라고도 불린다.

산촌의 생활
– 온 리 원 마 을 만 들 기

노인에게 용기를
– 50엔으로 할 수 있는 일

사토야마네트 아야베는 2000년, 아야베의 시 승격 50주년을 맞아 설립되었다. 예전 같은 하드웨어 위주의 정책이 아니라 소프트웨어 우선 정책으로 지역 활성화를 꾀하는 것이 그 목적이다. 대표는 니야마 요코 도쿄대학 대학원 농학연구과 교수다.

그 전해인 1999년, 시청에서는 시 승격 50주년을 기념하기 위해 마을 만들기에 관한 시민 기획안을 모집했다. 그래서 나는 '마음의 시대에 아야베가 할 수 있는 일'이라는 주제로 네 가지 기획안을 만들어 응모했다. 혼자 사는 노인에게 엽서를 보내 용기 불어넣기, 세계의 좌우명·인생 지침서를 전시한 박물관 만들기, 아야베에서 21세기적 삶을 사는 사람의 인생을 책 또는 인쇄물로 만들기 등이었다. 그리고 그것을 계기로 사토야마네트 아야베의 설립에까지 참여하게 되었다.

'엽서를 통해 용기 불어넣기'는 실제로 시행되고 있다. 시청 시민과 (현 고령자 개호과)에서 공개 모집한 자원봉사자들이 한 달에 한 번씩 한두 명의 노인에게 엽서를 보내고 있는 것이다. 봉사자는 69명의 개인, 9개의 초등학교 등 단체와 그룹으로 구성된다. 엽서를 받는 70세 이상 노인은 415명이다. 나 역시 70대 초반의 여성 2명을 담당하고 있다.

"이제 곧 봄이라 그런지 산나물에 부쩍 눈길이 갑니다. 해마다 산에서 캐 오는 산나물 종류도 많아졌고요. 어르신의 지혜가 담긴 조립법을 배우고 싶습니다."

"논에 김매러 나갈 때가 되었습니다. 저는 수동 제초기만 가지고 무농약 쌀농사를 열심히 짓고 있습니다. '이번 가을에 비가 올지 바람이 불지 몰라도 오늘은 논에 일하러 나가 김을 매야겠네'라는 니노미야 다카노리*의 노래를 흥얼거리며 오늘도 김을 맵니다."

이렇게 계절 이야기, 축제 이야기, 어르신의 지혜를 구하는 말 등을 엽서에 싣고 있다. 그러다 보면 뜻밖에 새로운 교류가 이어지거나 아이디어가 나오기도 한다. 우편집배원도 노인의 안부를 물으며 그 엽서를 배달할 것이다. 이 엽서 보내기는 총무대신 상까지 받은 사업

* 일본 에도시대 말기의 농정가(農政家).

이다.

좌우명, 지침서를 모아 박물관을 만드는 것도 내가 꼭 이루고 싶은 꿈 중 하나다. 전 세계의 저명인사와 대중에 이르기까지, 많은 이의 좌우명과 지침서를 모아 전시한 박물관을 만드는 것이다. 그 안에는 숙박 시설과 카페도 있어야 한다. 그래서 삶에 방황하는 사람들이 전 세계에서 이곳으로 찾아와 무언가 깨닫고 다시 새로운 여행을 시작한 다면 좋겠다.

아야베에는 구로타니 화지라는 소재가 있으니, 그것을 활용한 전시 방법을 궁리해도 좋을 듯하다. 서예가나 아이들이 쓴 좌우명을 전시 해도 재미있을 것이다. 또 인생의 지침서가 있는 사람들에게 책을 기 증받아 전시할 공간도 마련하고 싶다. 박물관을 만들려면 공간이 필 요한데, 여기에는 오래된 민가를 활용하는 것이 어떨까? 어쨌든 아야 베를 뛰어난 정신문화가 살아 숨 쉬는 곳으로 만들고 싶다.

도시 이주민의
적극적 수용

21세기의 새로운 삶과 생활 양식을 찾아 자연으로 돌아가는 사람들 이 늘어나는 현상은 이미 세계의 큰 조류 중 하나로 자리 잡았다. 특 히 유라가와의 맑은 물, 시골 마을 등 도시에는 없는 자연 환경이 풍 부한 데다 교토·오사카·고베 같은 대도시와 차로 두 시간 거리니, 거리도 적당하면서 교통도 편리한 아야베는 예술가 등의 이주가 잦은 편이다. 잠재적 이주 희망자도 상당할 것으로 예상된다.

사토야마네트 아야베가 생기기 전 아야베 시에는 상공업·관광 관련 정보 제공 서비스만 있었고 자연·전원생활에 관련된 정보를 제공할 전문 기구가 없었다. 그래서 아야베의 전원생활에 관심이 있는 사람, 마지막 거처로서 아야베를 생각하는 사람들이 부담 없이 들러서 정보를 얻고, 이미 아야베로 유턴, 제이(J)턴*, 아이(I)턴** 해서 정착한 사람들과 교류할 곳이 필요하다는 생각이 들었다. 또 21세기의 삶, 새로운 생활 양식에 대해 깊이 사색하고 '산촌 생활' 및 21세기적 마을 만들기를 연구할 곳도 필요했다. 그래서 사토야마네트 아야베는 빈집 정보, 삼림 자원봉사, 돌가마 빵 굽기 체험 등 전원생활에 필요한 다양한 정보를 제공하고 각종 행사를 지원하기 위해 2001년에 아야베 전원생활 정보 센터를 설립했다.

사토야마네트 아야베의 목표는 아야베의 풍부한 자연과 시골 풍경 등 '산촌의 힘', 다양한 시골 문화와 경험·지혜·예술 문화 등의 '소프트웨어의 힘' 그리고 개성 넘치는 사람들의 꿈과 사랑·뜻·사상·인품 등 '인재의 힘'의 세 가지 힘을 통한 '온리 원(only one) 마을'을 조성하고 및 육성하는 것이다.

개인적으로는 사토야마네트 아야베가 아야베 독자적인 '도시 교류

---

* 도시에 취직한 지방 출신의 근로자가 도시생활에 지쳐 대도시를 떠나되, 고향까지 돌아가지 않고 대도시와 가까운 지방의 중소도시 등 대도시와 출신지 사이의 지역에 일자리를 얻어 정착하는 현상.
** 도시 토박이가 농촌으로 이주하는 현상으로, 일본에서 본래 고향이 도시인 사람들, 특히 젊은 층이 출신지와 무관한 시골에 정착하는 현상을 가리키는 말.

'(21세기의 여행=他火)'를 기획·시행하는 동시에 21세기적 삶 즉 '산촌 생활'이라는 새로운 생활 양식을 연구하여 시내·외에 제안하기를 바란다.

앞에서 언급된 '타비(他火)'란 여행을 뜻하는 말인데, 여행은 원래 '타인에게 불(사랑, 자비, 힘, 용기)을 나눠 받아 전진하며 세계와 자신을 발견하는 문화적 장치'* 인 것이다.

사토야마네트 아야베가 설립될 당시, 나는 '도시와의 교류'를 '여행'으로 표현했다. 아야베는 그런 정신이 어울리는 곳이라고 느꼈기 때문이다.

무한한 자원을 기대하며, 환경 문제 등 21세기의 난제를 잔뜩 끌어안고 살던 시대는 이제 끝났다. 지금 우리의 급선무는 자원의 유한성을 고려한 지속가능 공동체(순환형 사회, 에코 시티)를 조성하는 것이다. 그래서 고도 성장기부터 오늘날까지 아무런 주목을 받지 못했던 산촌의 풍요, 자원 순환형 시스템이 새로운 관심을 끄는 것이다. 지금 우리 조상들이 자연에게 배워 대대로 물려준 자원, 즉 지역의 유·무형 문화유산, 다양한 산촌 문화의 보전과 전승이 시급하다.

마음의 시대에 자연으로 회귀하는 사람은 점점 더 많아질 것이다. 이런 시대에 아야베는 어떤 공헌을 할 수 있을까? 아야베의 역할은 무엇일까? 그것을 생각하고 연구하는 것이 지금도, 앞으로도 가장 중

* 'たび(旅)'는 '여행'을 뜻한다. 그 어원에 관해서는 여러 가지 설이 있는데 그중 하나가 다른 집에서 조리한 음식에 의지한다는 뜻을 지닌 '他火'이다. 이 책에서는 '다른 사람의 불을 나눠 받는 것'으로 다르게 해석하고 있다.

요한 일이리라. 나는 앞으로도 '아야베란 무엇인가'를 깊이 탐구하고 싶다.

사토야마네트 아야베가 창설될 때부터 내가 꾸었던 꿈은 다음과 같다.

아야베의 지역 자원(자연, 생물, 민속 문화, 전승, 지혜, 소프트웨어 등)을 재발견, 재평가하고 흩어져 있는 지혜와 정보를 살아 있는 지혜와 정보, 가치 있는 소프트웨어로 진화, 창조시켜 후세에 전승하고 싶다. 또한 개성 넘치는 인재들이 보유한 지혜와 정보, 소프트웨어, 인맥을 데이터베이스화하여 21세기 아야베 만들기의 원동력으로 삼는 동시에, 그것을 열린 지식으로 변환하여 세계에 전달함으로써 아야베라는 열린 무대를 세상을 위해, 인류를 위해 활용하고자 한다.

매력적인 '사람, 소프트웨어, 자연'으로 이루어진 21세기 아야베의 지역 자원으로 도시와 시골을 연결함으로써 인적 교류와 정착을 활성화하며(미래 시민 만들기), 공동체의 자신감을 회복시키고 꿈과 보람을 창출한다. 아야베의 지역 자원(사람, 소프트웨어, 자연)을 핵심 경쟁력(사회적 경쟁에서 승리할 수 있는 장점, 비장의 카드)으로 삼아 21세기 아야베의 가능성을 열어 갈 중요 가치로 육성한다.

이처럼 뜻은 높지만 인력은 항상 부족하다. 사토야마네트 아야베가 시내·외의 많은 이의 두뇌가 되어 활약해 주기를 바란다.

사토야마네트 아야베는 2006년 3월에 NPO법인으로 인정받으며 새롭게 출발했다. 그 후 구 도요사토니시 초등학교(아야베 시 사토야마 교류 연수 센터) 구역의 지정 관리자로서 도시와의 교류, 지역 재생 사업에 힘쓰고 있다.

아야베에 관한
만 가지 이야기를 만들고 싶다

아야베에는 '숲의 요정' 또는 '페어리 오브 글로브(Fairy of Globe)'라는 애칭으로 불리는 삼림 봉사대가 있다. 이들은 교토 부청 아야베 지방 진흥국, 시청 농림과, 사토야마네트 아야베의 지원을 받아 한 달에 한 번 활동한다. 1회 활동 참가비는 1,000엔*, 연간 회원비는 4,000엔이다.

그런데 2003년 3월에 진행한 숲의 요정 활동에는 일반 봉사대원뿐만 아니라 인터넷에서 이야기를 듣고 찾아온 효고 현의 여고생들과 교사도 함께했다. 이들은 삼림을 손질하는 외에도 200그루의 상수리나무 등 활엽수에 표고버섯, 느타리버섯, 새송이버섯, 팽이버섯을 식균(植菌)하는 작업을 했다. 그 전해에 접종(接種)해 둔 표고버섯을 잔뜩 따서 삼림 봉사대 활동비로 써야겠다는 우스갯소리도 들려왔다.

지금 일본의 삼림은 인공림 간벌과 대나무 번식이라는 두 가지 난

---

* 2015년 10월 현재 1회 활동 참가비는 500엔.

제를 안고 있다. 그래서 이날은 오바타 마을의 무라카미 씨를 초빙하여 대나무 빗자루 만들기 체험을 진행했다.

사토야마네트 아야베는 지금까지 세 번의 전원생활 체험 투어를 실시했다. 그 첫 번째는 2001년 7월의 '아야베 전원생활 초급 투어 여름 편'이었다. 참가자는 교한신에서 온 부부, 아이가 있는 가족, 친구끼리 온 20대 등 26명. 이들은 이틀간 민가 열 곳에 나뉘어 묵으며(농가 민박) 종이뜨기, 초목(草木) 염색, 메밀국수 뽑기, 농사 등을 체험했다. 참가자 대부분은 도시에서도 작은 텃밭을 일구는 등 농업에 어느 정도 관심이 있는 사람들이었다.

시골에서 민박을 하며 농사와 예술을 체험하고 전원생활을 이해하는 과정을 통해 아야베를 알리는 것이 이 투어의 목적이다. 우리 집도 여러 차례 숙박 손님을 받았다.

처음에는 숙박처 중에도 갈피를 잡지 못하여 일반 여관처럼 저녁상에 회를 올린 곳이 있었다. 하지만 조금 적응이 되자 이 지역의 소박한 요리인 절임 등을 대접하게 되었다. 대화를 하며 여행자들이 무엇을 원하는지 알게 되었기 때문이다.

농가 민박은 농가를 비롯한 일반 민가에 숙박하면서 있는 그대로의 전원생활을 체험하는 새로운 여행 형태로, 유럽에서는 이미 대중화된 지 오래다. 유럽의 도시민들은 긴 휴가를 이용해 자연 환경이 풍부한 시골에 머무르며 그곳의 이웃들과 교류하고 그 지역의 자연과 문화, 공예 기술, 음식을 즐긴다.

일본에서 농가 민박이 가장 발달한 곳은 오이타 현 북부에 위치한 우사 군 아지무 마을(현 우사 시)이다. 나도 아야베 전원생활 체험 투어를 개시하기 전에 시찰할 목적으로 가 보았는데, 그곳 풍경이 아야베와 비슷해서 아야베도 제대로만 하면 성공하겠다는 자신감이 생겼다. 또 지역의 식재료를 살린 요리는 물론, 다다미 위에 대자로 누워 잘 수 있는 방이 필요하겠다는 생각도 하게 되었다.

한번은 투어 참가자 중에 메밀국수 장인이 있어서 다른 참가자들에게 솜씨를 보여 준 적이 있었다. 당시 그의 꿈은 시골의 오랜 민가에 가게를 여는 것이었다. 그리고 2002년 가을, 아야베로 이주하여 열심히 노력해 가게를 열게 되었다. 염원이 이루어진 것이다.

농가 민박에서는 이렇게 누군가가 선생이 되어 다른 사람을 가르치기도 하고, 시바하라 씨처럼 인생 상담을 해 주기도 한다. 민박집 가족들도 참가자들과 식사를 함께한다. 이때 젊은 참가자들은 밥을 먹으며 "결혼을 꼭 해야 할까요?"라고 묻기도 하고, 농업과 요리에 관한 이야기를 듣기도 하며 전원생활에 필요한 마음가짐이나 마을 만들기에 관한 토론을 벌이기도 한다.

관광(觀光)이란, 한자를 풀어 보면 '빛을 보여 준다'는 뜻이다. 그런데 그 빛은 어쩌면 여행지에서 우연히 만난 사람의 친절함 또는 따스함이 아닐까? 혹자는 여행지에서 우연히 먹은 절임 음식의 맛에서 고향과 부모, 어릴 적 추억을 떠올린다. 여행은 이처럼 원점으로 회귀하여 자신을 돌아보는 계기를 만들어 준다.

이상적인 여행을 위해서는 순서를 미리 정해 놓지 않는 게 좋다고 생각한다. 원숭이 떼가 나타나면 원숭이를 관찰하고 눈이 내리면 눈

싸움을 하고 별이 아름다운 날에는 밤하늘을 바라보는 식이다. 마침 그 자리에 자신이 있다는 신비함, 숭고함, 기쁨 등 우연의 가치를 깨닫는 여행이 되었으면 한다. 주최 측에서 여행객을 즐겁게 해 주려고 준비를 너무 많이 할 필요는 없다는 뜻이다. 노상 관찰학*까지는 아니지만, 참가자가 여행지에서 스스로 기쁨을 발견해야 도시에 돌아가서도 전보다 더 즐겁게 지낼 수 있지 않을까? 그렇게 자신만의 새로운 기준을 찾는다면 어디를 가도 낙원처럼 지낼 수 있을 것이다.

이렇게 다양한 활동을 하는 중에 문득 '만 가지 이야기가 생긴다면 좋겠다'는 생각이 들었다. 방문객 수, 매출액 외에 또 다른 평가 지표는 없을지 고민하다가 '이야기 수는 어떨까?' 하는 아이디어가 떠오른 것이다. 사토야마네트 아야베가 생긴 것을 계기로 아야베의 산촌 생활에 얽힌 이야기도 많이 생겨났으면 좋겠다.

실제로 사토야마네트 아야베가 설립된 후 많은 이야기가 탄생했다. 돌가마 빵 굽기 체험이 미즈타 히로유키 씨와 사카에 씨를 부부로 맺어주었고, 전원생활 체험 투어에 참가했던 메밀국수 장인이 아야베에 가게를 열기도 했다. 또 1년에 20번 이상 아야베를 방문하는 고베의 아야베 마니아 도쿠히라 아키라 씨는 이곳의 매력을 사진에 담아 지역 문화제에 출품했을 뿐만 아니라 지역의 식품가공 그룹인 소라야마 그룹의 포스터를 자비로 제작하기도 했다. 이런 이야기가 더 많이 생

---

* 길가의 가려진 건물(혹은 그 일부), 간판, 벽보 등 일반적으로 경관으로 간주하지 않는 것을 관찰, 감상하는 일.

겨나 언젠가 아야베가 전설의 땅이 된다면 좋겠다.

경영계에서 이야기 마케팅이 일상화된 지도 벌써 10년이다. 소비자의 심금을 울리려면 이야기가 필요하다. 마을 만들기도 마찬가지다. 사소한 이야기라도 괜찮으니 만 가지를 엮어 냈으면 좋겠다. 이는 작은 마을, 작은 동네라도 충분히 가능한 일이다. 이야기라는 희망은 우리 사회를 반드시 변화시킬 것이다.

한 알의 씨앗에서
인간을 생각하다

뛰어 봤자 종묘 회사의
손바닥 위인 '농업'

사토야마네트 아야베의 업무는 내 공적인 X에 해당한다. 그리고 사적인 X는 당연히, 내 반농반X 철학을 세상에 전파하는 것이다.

현재 민간 기관 반농반X 연구소의 본부는 우리 집이다. 연구소 홈페이지는 나보다 두 살 많은 고토 마사하루 씨가 제작해 주었다. 사실 그는 지금도 홈페이지 관리를 돕고 있다.

고토 씨는 농사꾼으로 살고 싶어 1998년에 컴퓨터 제조사를 퇴직한 뒤 오사카에서 효고 현으로 이주해 자급 농업을 시작한 사람이다. 나와는 단바에서 개최된 '젊은 농민 모임'에서 처음 만났다. 그때 그는 미래 생활 양식으로서의 반농반X의 철학에 깊이 공감해 주었다.

사실 당시에 고토 씨는 컴퓨터와 농업은 관련이 없는 것 같다고 말했다. 그러나 반농반X를 알게 된 후에는 컴퓨터가 농업을 지원할 수 있다고 생각하게 되었다. 한편 작가, 번역가로서 반농반저의 인생을 사는 호시카와 준 씨는 반농반X 연구소의 고문으로 활약해 주고 있다.

반농반X 연구소를 본격적으로 시작하기 2년 전인 1998년부터 나는 '다네트'*라는 NPO를 만들어 활동했다. 주로 종자(재래종)에 관한 정보를 책자로 만들어 200명쯤 되는 회원에게 배포하는 일이었다.

나는 그때 회사 생활과 아야베 본가의 자급 농업을 병행하기 시작한 참이었다. 그러면서 우리 집 식탁에 손수 만든 쌀과 채소, 된장과 절임 음식, 그리고 뒷산에서 캔 산나물이 점점 늘어나 식량자급률이 올라가는 것을 기뻐하고 있었다. 하지만 어느 날 그것이 완전한 자급이 아님을 깨닫고 충격을 받았다. 대부분의 채소 농사는 해마다 종묘 회사의 교배종(소위 F1, 즉 1대 교배종)을 사서 심고 키워 내는 식으로 이루어지고 있었기 때문이었다.

종묘 회사의 손바닥 위에서 농사를 짓고 있었다는 생각에 기가 막혔다. 화학 비료와 농약을 써야만 하고, 스스로 씨앗을 채종하지 못해서 이듬해에도 다시 종자를 구입할 수밖에 없는 농업 구조가 일반화되어 있는 것이다. 예전에는 자연(재래종) 씨앗을 심으면 자라난 식물

* 일본어로 씨앗을 의미하는 '다네'와 인터넷을 의미하는 '네트'를 합쳐서 만든 말.

에서 씨앗을 다시 채취해 다음 세대의 식물을 기를 수 있었다. 하지만 지금의 농업은 차세대에 생명을 계승한다는 본질과는 동떨어져 있다. '종자를 지배하는 자가 세계를 지배한다'는 말이 있는데, 나 역시 종묘업계의 손바닥 위에 있었음을 그때 깨달았다. 그래서 호시카와 씨가 교토에 왔을 때 '재래종을 지키지 않으면 힘들어질 것이다'라고 했던 말이 마음에 더욱 깊이 남았다.

내가 F1이라는 1대종에 의문을 갖게 된 것은 '일곱 세대', '장래 세대', '후세에의 최대 유물'이라는 세 가지 말을 접한 뒤 인생관이 달라졌기 때문이다. '장래 세대'는 아직 태어나지 않은 세대를 가리킨다. '후세에의 최대 유물'은 우치무라 간조(內村鑑三) 씨의 강연을 수록한 책의 제목이기도 하다. 우치무라 씨의 이야기는 반농반X라는 삶의 방식에 도달한 과정(제4장 참조)을 이야기하면서 다시 다룰 테니 여기서는 생략하겠다. '일곱 세대'란 아메리카 원주민인 이로쿼이족의 철학을 대변하는 말로, 일곱 세대 뒤를 생각해 의사결정을 한다는 뜻이다.

그런데 채소 종자를 생각해 보자. F1은 1대 한정 종자라서 당대에는 뛰어난 능력을 발휘하지만 다 자란 식물에서 씨앗을 채취해 뿌리면 형질이 들쭉날쭉해져서 앞 세대와 비슷한 것을 얻을 수 없다. F1은 '일곱 세대', '장래 세대'와 완전히 반대되는 개념인 것이다.

그에 비해 재래종은 다음 세대로 면면히 이어진다. 그것이 가장 중요한 점이라고 생각한다. NPO 다네트에서는 이런 '세대 계승'을 회복하기 위한 활동을 주로 전개하고 있다.

생명의 계승자가 되어
재래종을 전하고 싶다

F1의 본질적인 문제는 '1대 한정'이라는 발상에 있다고 생각한다. 만약 종묘 회사가 1대째에는 씨앗을 사야 하더라도 거기서 2대째 씨앗을 얻어 기를 수 있는 종자를 개발해 판매한다면 세상이 달라질 것이다. 하지만 그 사업의 근간에 종자를 가전제품처럼 영원히 교체하도록 만들려는 공업적 발상이 있는 것이 문제다.

슈퍼에서 파는 채소의 대부분은 F1일 것이다. 우리는 이미 스위트 콘으로 대표되는 달고 특징 없는 채소에 길들여져 있다. 우리의 혀는 더 이상 옛날 당근에서 느껴지는 듯한 깊은 풍미를 느끼지 못하게 되었다. 요즘 가까스로 전통 채소나 교토 채소, 가가(加賀)* 채소 같은 것들이 유통되기 시작했지만, 재래종 씨앗을 보호한다고 쳐도 먹는 법(요리법)을 모르면 아무 소용이 없다. 맛과 향 등 개성 넘치는 채소를 요리할 줄 아는 사람이 많아진다면, 채소 음식을 먹는 즐거움은 더 커질 것이다.

지금은 무엇이든 1대 한정인 시대다. 요리 역시 다양성, 향토성, 현지성 등 중요한 요소가 계승되지 못하여 세대 간 단절, 생명 단절의 위기에 처해 있다.

영어권에서는 재래종을 '에어룸 시드(heirloom seed)'라 칭한다. 에어룸은 '조상 대대로 내려온 보물'을 뜻하는데, 참으로 아름다운 말

* 가나가와 현의 특산 전통 재래종 채소.

이라고 생각한다.

시가 현의 어떤 마을에는 한 세대 전까지만 해도 절임에 쓰이는 가지의 씨앗을 혼수로 가져가는 풍습이 있었다고 한다. 지금 그 가지 절임은 마을의 특산품이 되었다. 나는 이러한 문화를 다네트를 통해 전파하고 싶다.

옛날 농민은 밭에 콩을 심을 때 반드시 세 알씩 심었다고 한다. 한알은 하늘의 새, 한 알은 땅의 벌레, 한 알은 사람을 위한 것이었다. 우리 조상은 작물에 감사하며 수확을 했고, 이듬해의 수확을 기원하며 정성껏 종자를 채취했다. 생명의 다양성을 중시한 것이다. 그러나 씨앗은 언제부턴가 인간을 위한 것, 종묘업계를 위한 것이 되고 말았다.

현대의 씨앗은 이미 생명의 다양성을 잃고 인간의 상황에 따라 수량만을 추구하는 '씨앗의 본질과는 먼 씨앗'이 되어 버렸다. 지금은 거의 모든 농가가 종묘 회사에서 종자를 구입한다. 씨앗을 채종하여 기르고 보존하는 소박한 일은 이미 뒷전으로 밀려난 지 오래다.

그러나 나는 생명의 씨앗을 후세에 전하는 것이 미래 세대에 대한 최대의 선물이라고 생각한다. 그래서 다네트를 통해 재래종을 조금이라도 더 전하려 하는 것이다. 재래종을 보존하고 전달하려는 사람들을 다양한 형태로 지원하고, 나 역시 생명의 계승자가 되어 생명의 씨앗을 물려줄 것이다. 오래 기르고 싶은 생명의 씨앗을 서로 교환하고 음미하며 후대에 계승하고 싶다.

아직도 문외불출(門外不出)의 씨앗을 보존하는 유서 깊은 가문이 있다고 들었다. 그러나 후세를 위한다면, 본질을 명심하여 그 씨앗을 심고 거두며 생명의 끈을 이어 나가야 한다. 한 알의 생명을 대지에 심는 일을 통해 '우레시파모시리(아이누어로 '만물이 서로 이어져 나고 자라는 세계')'로 가는 길, 다양한 생명이 스스로 천명을 다하는 길을 열어야 한다.

한 줌에서 시작된
참깨 농사 50년

다네트를 설립한 1998년 가을, 『마이니치 신문』 '여자의 마음'(1998년 9월 18일자) 란에 흥미로운 글이 실렸다. 글 제목은 "손수 참깨를 키워 온 반세기"였다. 글쓴이는 나라 현 덴리 시에 사는 혼다 히데코 씨였는데, 50년 전에 결혼할 당시 친정에서 깨를 한 줌 가져온 이래 반세기 동안 계속해서 깨를 재배했다고 한다.

지금 일본의 깨 자급률은 0.5퍼센트다. 즉 99.5퍼센트는 해외에 의존하는 것이다. 이 숫자는 다양한 사실을 시사한다. 그래서 나는 이에 관한 이야기를 들으려고 혼다 씨를 찾아갔다. 그 해에는 약 6킬로그램을 수확했다고 한다. 혼다 씨가 자신이 재배한 깨를 보여 주었을 때, 나는 그저 경의를 표할 수밖에 없었다. 그녀는 귀한 시간을 내서 집에서 채종하는 방법을 가르쳐 주었다. 그리고 헤어질 때는 "이 깨의 계승자가 되어 달라"며 나에게 깨가 들어 있는 됫병 하나를 건넸다.

생명의 계승이라는 귀한 일은 한 인간으로서, 아니 하나의 생명으로서 완수해야 할 본질적 사명이다. 우리는 그것을 잊은 채 살아간다.

인간은 씨앗뿐만 아니라 자신의 마음까지 F1으로 만들어 놓고 자신이 마지막 세대인 양 행동하고 있다.

고맙게도, 다네트에서 만나 생명의 씨앗으로 이어진 사람들은 지금도 미래를 육성하는 일에 적극적으로 참여하고 있다.

테레사 수녀가 사랑의 씨앗을 심었듯, 다네트도 후세를 위한 생명의 씨앗을 한 알이라도 더 많이 심을 수 있기를 바란다.

씨앗이라는 말의
심오한 의미는

다네트의 직원 중에는 재미있는 사람이 많다. 그중 재래종 찾기를 좋아하는 사람의 말에 의하면 나라 현의 오지에는 아직도 흥미로운 씨앗이 많다고 한다.

아야베 북부의 마이즈루 시에서 나라 현으로 이주한 미우라 마사유키 씨, 요코 씨 부부의 레스토랑 '아와'에 가면 다양한 재래종 채소 요리를 맛볼 수 있다. 이 부부는 내 씨앗 동료이기도 하다.

재래종을 지키기 위한 활동을 하다 보면 다양한 인재를 만나게 된다. 그런 의미에서 다네트는 이미 당초 목표를 달성했는지도 모른다. 이제는 '씨앗이란 무엇인가'라는 철학적 문제에 눈길을 돌리고 싶다. '씨앗(다네, たね)'이라는 말의 유래를 한자 이전의 일본 말인 '야마토어'에서 찾아보면, '다(た)'는 '높이 나타나다(성장), 크게 넓어지다', '네(ね)'는 '근원(으로 돌아가다), (생명의) 뿌리'를 뜻한다. 그야말로 씨앗(다네)의 본질을 정확히 표현한 말이다. 나는 이 말로 세상 모든 것을 표현할 수 있을 것 같다. 가령 정보 전달은 '다(た)'에 해당한다. 정보는 독점하는 것이 아니라 세상에 전파하여 다시 돌아오게 만드는 것이니까. 그래야 정보가 확장된다. 생명과 환경, 농업과 지방, 마을 만들기와 마을 일으키기는 '네(ね)'에 해당한다.

또한 반농반X로 말하자면 반농이 네(ね), 반X가 다(た)일 것이다.

다네트에는 씨앗 기르기를 좋아하는 사람도 있고 재래종 채소 요리 개발하기를 좋아하는 사람도 있다. 이처럼 다양한 사람 중 나는 '씨앗이란 무엇인가'를 생각하는 사람이 아닐까 싶다. 많은 시인들이 씨앗에 대한 시를 남겼듯이, 씨앗을 철학적으로 이해하는 것이야말로 내 할 일이 아닐까? '씨앗이란 무엇인가'라는 질문은 인간이란 무엇인가, 내 삶은 무엇인가라는 질문과도 비슷할 것이다.

한편, '나[私]'라는 한자를 풀어보면 '禾'는 곡물, '厶'는 '독점'을 의미하는 것으로 볼 수 있다. 한편 나의 반대말인 '공(公)'의 경우, '八'은 '연다'는 뜻이니 '독점'했던 것을 '여는' 일이 곧 공이라 할 수 있다. 공이란 국가나 행정 그 자체가 아니라 국가, 행정과 사적인 영역 사이에 있는 모든 사람의 자원, 즉 공유 재산인 것이다. 자신이 하는 일을 세상에 드러내기 싫어하는 사람이 종종 있지만, 컴퓨터 업계에서는 데이터와 정보를 공개하여 많은 사람을 창작에 참여시키는 오픈 리소스 방식이 이미 주류를 이루고 있다. 21세기에는 독점보다 공개와 공유가 적합하다.

씨앗(다네)이라는 말이 의미하듯, 남과 관계를 맺기 위해서는 열린 마음으로 각자의 분야에서 타고난 재능을 활용하는 것이 중요하다.

덧붙이는 말

나라 현에 위치한 미우라 마사유키·요코 씨 부부의 재래종 채소 요리점 '아와'는 예약조차 어려울 만큼 인기가 높다. 부부는 2013년 여름에 『가족 채소를 미래에 계승한다』*라는 책을 출판했는데, 나도 나라 현의 한 서점에서 열린 그 책의 출판 기념 대담회에 초대손님으로 참여할 수 있었다. 이 부부는 올해 한 TV 인기 프로그램에 출연하면서 인기가 더 높아졌다. 나도 예전에 인기 아이돌 그룹 '아라시'의 사쿠라이 쇼 씨와 대담을 하게 되었을 때 대담 장소로 아와의 나라마치점을 골라 신세를 진 적이 있다. 『일본의 폭풍』**이라는 책에 그때의 모습이 두 쪽 분량으로 게재되어 있다.

* 『家族野菜を未来につなぐ』, 미우라 마사유키·미우라 요코 저, 가쿠게이슛판샤, 2013
** 『ニッポンの嵐』, 아라시 저, M.Co., 2011

주는 문화,
나누는 문화가
결여된 현대

감동적인 말, 희망의 글을 당신에게도
– 나의 X

지금으로부터 110년쯤 전 시대의 청년들은 '인스파이어(inspire)'이라는 말을 즐겨 썼다. '남에게 무언가 말을 듣고, 또는 무언가를 읽고 거기서 알게 된 지식과 단어에 인스파이어되었다'라는 식이었다. '숨을 불어넣는다', '정신과 영혼을 고무한다', '마음에 불을 지핀다'는 의미인 이 말은 지금도 꽤 요긴하게 쓰인다.

나도 멋진 글이나 말을 접하면 다른 누군가에게 그것을 전달하고 싶어진다.

나는 1998년 『아사히 신문』의 '한때'란에서 감동적인 글 하나를 발견했다. 그래서 그 훌륭한 글을 복사한 엽서를 100명의 친구와 지인에게 보냈다. 그러자 엽서를 읽은 사람이 또 다른 사람에게 그 글을 전해 주었다. 그때부터 나는, 무언가 알게 되면 그 지식을 독점하지 않고 다른 사람에게 전해서 도움을 주어야겠다는 생각을 하게 되었다.

그래서 이듬해부터는 사람들에게 용기를 주고 정신을 고무하며 그들의 자아와 사명 탐색을 지원하기 위한 사업을 시작했다. 사람들에게 멋진 말, 명언, 시, 이야기, 신화 등을 게재한 유료 엽서를 보내 주는 사업인 포스트 스쿨(Post School)이다.

'포스트'란 포스트모던(Post Modern), 포스트 워(Post War), 포스트 911(Post 911) 등의 Post로, '이후' 또는 '다음'을 의미한다. 따라서 포스트 스쿨은 '엽서를 통한 미래 학교'로 바꿔 말할 수 있다. 이 이름에는 엽서 한 장이 인생의 학교가 되어 주었으면 하는 마음이 담겨 있다. 포스트 스쿨의 대표 문안은 '매주 배달되는 영혼의 진수성찬'이다.

이 사업이 성장하여 수익을 내면서부터 내 X가 본격화되었다고 도할 수 있다. 지금 생각하면 이 사업은 돌아가신 할머니의 선물인지도 모르겠다. 할머니가 생전에 '한때'란을 자주 읽어서 나도 함께 보기 시작했기 때문이다.

우연히 본 글 하나가 나에게 포스트 스쿨이라는 천직을 선물했다. 그 글에는 글쓴이가 유치원 공개 수업에서 보았던 어떤 게임에 관한 감상이 실려 있었다.

그 게임은 세 가지 색의 스티커를 이마에 붙인 원아들이 아무 말도 하지 않으면서 같은 색끼리 모여 모둠을 만드는 것이었다. 그런데 아이들은 자신의 이마에 무슨 색 스티커가 붙어 있는지 모르고 있었다.

과연 이 아이들이 과제를 어떻게 해결할까 걱정하고 있으려니까 한 아이가 갑자기 나서서 같은 색 스티커가 붙은 아이들의 손을 서로 이어 주었다. 그러자 손을 잡은 두 아이는 상대방의 이마를 보고 자신의 이마에 무슨 색 스티커가 붙어 있는지 알아챘다. 그런 과정이 반복된 후 마지막에 그 아이만 혼자 남게 되었지만, 같은 색의 모둠에서 그 아이도 금세 데려갔다.

글쓴이는 이렇게 이야기한다.

"자신만 생각한다면 이 게임은 영원히 끝나지 않는다. 자신을 제쳐 놓고 남을 먼저 돌아보는 사람이 나타나야만 문제가 해결된다. 이처럼 남을 돌아보는 것이야말로 문제를 해결하는 최단, 최선의 길인 동시에 자신을 위하는 길이다. 우리는 이 사실을 잘 모르는 것 같다."

그리고 "그런 지혜로운 아이가 세상에 아직 많을 듯하여 희망을 느꼈다"라는 말로 글을 마무리 지었다.

나는 지금도 그 글을 가끔 펼쳐 본다. 벌써 몇 번이나 읽었지만, 읽을 때마다 소중한 교훈을 되새기게 된다.

포스트 스쿨의 목표는 구독자를 1,000명까지 늘리는 것인데, 인터넷 홍보, 입소문 덕분에 그 목표는 점점 가까워지고 있다. 포스트 스쿨은 한 사람에게 매주 한 통의 일반 엽서와 생일, 성탄절 등의 특별 엽서를 총 8통 보낸다. 연간으로는 한 명당 60통이다. 모든 엽서의 내용은 각기 다르다. 말하자면 일대일 서비스로, 교사에게는 교육에 관한 글을, 기업인에게는 경영에 관한 글을 보내고 있다.

엽서는 매주 토요일부터 화요일 사이에 도착하도록 배달된다. 항상 같은 날에 배달되면 뜻밖의 선물을 받는 느낌이 사라져 재미가 없을 것 같아 유연하게 운영하고 있다. 그래야 구독자들도 우편함을 들여 다보는 재미가 있을 것이다. 그렇게 우편물을 고대하는 문화를 만들고 싶다.

포스트 스쿨과 관련하여 인터넷에 '희망 은행'도 개설했다. 감명 깊은 말을 회원들에게 자유롭게 배포하거나 다른 사람의 게시물을 가져 갈 수 있게 만든 사이트인데, 공유의 문화를 확산하고 싶다는 바람을 담았다. 이곳 홈페이지에 들어오면 마음에 드는 희망의 글을 용기가 필요한 다른 사람에게 자유롭게 선물할 수 있다.

덧붙이는 말

포스트 스쿨은 통신 교육판 '콘셉트 스쿨'(243쪽 참조)로 진화하는 중이다.

다양한 집착에서 해방되는
훈련이 필요한 시기

새로운 시대를 상징하는 말을 들라면 나는 주저 없이 '셰어(share)'라는 영어 단어를 고를 것이다.

셰어란 알다시피 서로 나누는 것, 공유하는 것을 의미하는데, 워크셰어링(Work Sharing), 카셰어링(Car Sharing)이라는 말을 쓸 정도로 대중화된 말이다.

지금 왜 셰어라는 말이 주목을 받을까? 기존의 '독점 및 극단적 사유(私有)'로는 사회와 지구가 계속 존속할 수 없다는 반성이 그 근저에 있는 것이 아닐까? 지구 자원 및 생명의 유한함을 인식하고 꿈과 기쁨과 슬픔을 나누며 희망의 세기를 함께 만들어 가자는 생각, 그것이 요즘 자주 쓰이는 셰어라는 말에 담긴 철학이다. 셰어란 함께하는 것이므로 혼자서는 불가능하다. 서로를 살리고 돕고 기르려면 자신 이외의 누군가가 필요하다.

한편 셰어는 환경과 복지를 연결하는 핵심 단어다. 또 우리가 구축한 사회를 물려받을 미래 세대와 애정으로 소통할 수 있는 사상이다. 일부러라도 써야 할 이 말이 지금 유행하는 현상은 무언가 큰 변화를 암시하는 것이 틀림없다.

혹시 give and give(주고 또 베풀라), give and forget(베푼 것조차 잊어버리라)이라는 말을 들어 본 적이 있는가?

우리는 받은 것은 잊어버리고 준 것에만 집착하기 쉽다. 그러나 조상들은 '비우면 채워진다'고 했다. 집착을 버리고 내려놓으면 자유로워진다는 뜻이다. 내려놓을 수만 있다면 굳이 만족을 찾지 않아도 저절로 만족하게 된다. 받기를 바라지 않고 주는 것, 그리고 잊어버리는 것. 그런 자세는 희망의 새 시대를 열어 나가는 큰 힘이 될 것이다.

유감스럽게도 우리는 아직 주기보다 움켜쥐기를 중시하는 문화 속에서 살고 있다. 그러나 새로운 시대의 과도기인 요즘이야말로 다양한 집착에서 해방되는 훈련의 시기인지도 모른다. 가정과 직장 등 각자의 자리에서, 또 사소한 것에서부터 '주는 문화'를 육성해야 한다. 나는 이 나라가 언젠가 '주는 문화의 선진국'이 되기를 소원한다.

사람과 사람을 연결하는
지역 화폐

지역 화폐가 세계적으로 확대된 지도 꽤 되었다. 전 세계에서만 2,000 개 이상의 지역, 일본에서는 100개 이상의 지역에서 독자적인 지역 화폐가 유통되고 있다. 그중 아야베의 지역 화폐인 '유라'는 2002년 1월 1일 '유라 기획'에 의해 발행되었다.

'유라'는 아야베의 대표적인 강 '유라가와'에서 따온 이름이자, 같은 해에 유럽연합의 유로가 시민 생활에서 본격적으로 유통되기 시작한 것을 의식한 이름이다.

유라 기획의 대표는 80세 시가 마사에 씨의 아야보로 만들기 교실을 주최했던 무라카미 아키라 씨와 시카타 겐타로 씨다. 무라카미 씨는 3대째 아야베 토박이로, 지금은 아야베보다 교토 시에 가까운 가메오카에 살면서 교토 부청 지역진흥과 직원으로 일하고 있다. 주말마다 어머니가 혼자 사시는 아야베로 와서 함께 농사를 짓는 그의 꿈은 아야베에서 서당을 지속적으로 운영하는 것이다. 참고로 그의 서당에서는 장수풍뎅이 잡는 법도 가르친다고 한다.

시카타 씨 역시 2대째 아야베 토박이로, 고령자 이송 서비스를 제공하는 NPO 법인 '아야베 복지 프론티어'의 부이사장을 겸하고 있다. 또 젊은이들로 이루어진 마을 만들기 조합 NEXT를 운영하는 등 아야베의 대표적 '마을 만들기' 기획자로도 활약하고 있다.

무라카미 씨와 시카타 씨는 젊은 사람들과 함께 유라 기획을 설립하여 아야베의 마을 만들기, 마을 기르기에 열정을 쏟고 있다. 지역 화폐 유라 역시 이 두 사람이 의기투합한 덕분에 탄생했다.

이 화폐의 단위는 유라이며 1유라는 100엔으로 환산된다. 유라는 돈으로 주기는 어색한 경우의 사례로 쓰거나 행정기관의 문화 사업, 즉 영화제 등의 입장권으로 사용할 수 있다. 또 일부 상점에서는 상품과 서비스 대금으로도 쓸 수 있다. 발행된 지 1년이 된 지금 유라를 쓸 수 있는 곳은 50개 정도이며 앞으로 사용처를 100개까지 늘릴 계획이다. 유라 기획은 홍보 책자를 만들어 유라를 효과적으로 활용하는 방법을 안내하고 있다.

그중 이미 실천되는 방법도 있지만, 앞으로는 다음과 같은 경우에도 더 활발히 사용되기를 바란다. 절임류 담그는 법을 가르쳐 주신 이웃 할머니에 대한 사례, 집을 비웠을 때 대신 꽃을 돌봐 준 이웃에게 주는 사례, 동네 어르신에게 옛날이야기를 들은 것에 대한 사례, 또는 마을 사람이 논밭의 김을 매 준 데 대한 사례 등등. 지금도 자원봉사자가 노인을 병원까지 이송해 준 데 대한 사례금으로 유라가 쓰이고 있다. 아야보로 강사인 시가 씨는 강의료로 받은 유라의 일부를 남편이 병원에 갈 때 자원봉사자를 부르는 비용으로 쓴다. 이렇게 유라는 순환된다.

유라 기획의 대표인 시카타 씨는 누가 어떤 분야의 서비스에 능통한지를 알아내, 그 서비스를 필요로 하는 사람을 연결해 주는 역할도 하고 있다.

유라 기획에 100엔의 유라 기금을 기부하면 유라 한 장을 받을 수 있다. 물론 앞에서 말한 대로 서비스를 교환할 때도 유라가 유통되므로 다른 경로로 입수할 수도 있다.

이 유라 기금은 마을 만들기를 위한 각종 행사에 쓰인다. 지역 화폐 사용에는 상호 부조, 자원봉사 촉진, 공동체 재구축, 지역 경제 활성화 등의 효과가 있는데, 그중에서도 가장 중요한 것은 지역 화폐가 사람과 사람 사이에 밀접한 연계를 만들어 준다는 점이다. 마을 만들기, 마을 기르기를 위해서는 지역민 사이의 유대 회복이 가장 시급하므로 지역 화폐를 활성화하려는 노력도 반드시 필요하다.

덧붙이는 말

무라카미 아키라 씨는 교토 부청 직원으로서 지역 경쟁력 재생에 전념하고 있다. 시카타 겐타로 씨는 제1기 교토 부의회 의원으로 당선되었다. 둘 다 아야베 시, 난탄 지역, 그리고 교토 부 발전을 위해 동분서주하는 귀한 인재다.

제4장

하고 싶은 일인가,
해야 할 일인가?

자기 인생의 주인공이 되자

오키나와로의
대거 이주 현상이
시사하는 점

행복의 잣대가
돈에서 시간으로

앞서도 언급했듯, 괴테의 시에 "마음이 바다로 나아갈 때, 새로운 말은 뗏목이 된다"는 구절이 있다. 지금이야말로 새로운 사회를 구상하는 언어, 새로운 사회를 연상시키는 언어, 즉 새로운 사회상을 표현하고 그 사회상에 현실을 접목시키는 언어가 필요하다.

효율만 좇던 현대 사회가 이윽고 막다른 길에 다다른 지금, 우리는 환경 문제, 식량 불안, 대량 생산, 대량 폐기 문제를 직시할 수밖에 없다. 사람들은 이제 경제가 성장해야 풍요로워진다는 성장 중심의 논리에 슬슬 의문을 품기 시작했다. 즉 성장이 전제되지 않아도 풍요하게 살 수 있는 사회를 만들 방법을 찾기 시작한 것이다.

『연봉 300만 엔 시대를 살아 내는 경제학』[*]의 저자이자 경제 분석가인 모리나가 다쿠로 씨에 의하면, 최근 본토에서 오키나와로 이주하는 인구가 연평균 약 2만 5,000명에 달한다고 한다. 이주민의 주 연령대도 20~40대로 젊다. 그러나 오키나와는 일본에서 실업률이 가장 높고 임금은 가장 낮은 곳이다. 이 현상은 경제적 풍요와 정신적 풍요가 꼭 일치하지는 않는다는 사실을 보여 준다.

한편 호주 라트로브 대학 교수인 스기모토 요시오 씨에 의해 다운시프팅(Downshifting)이라는 개념이 일본에 도입되었다. 다운시프팅이란 '하향 이동'이라는 뜻으로, 자발적으로 업무량을 줄여 자유 시간을 늘리려는 사회 현상을 가리킨다.

가령 월급 생활자라면 한 주에 3~4일만 일하고 나머지 시간은 가정과 지역사회 활동에 할애하는 것이다. 자신이 만족하는 생활을 최우선으로 삼기 때문이다. 그러면 수입은 줄어들고 승진도 늦어지겠지만 생활의 만족도는 높아진다. 호주에서 최근 10년간 이처럼 다운시프팅한 인구의 비중은 30대 이상에서 25퍼센트나 된다고 한다.

스기모토 씨는 "직장과 기타 생활의 균형을 모색하는 '포스트 직장 시대'가 시작된 듯하다"라는 말로 이 현상을 분석했다.

유럽 국가는 대체로 인간을 소중히 여기는 사회를 지향하는데, 그중에서도 덴마크는 특히 그런 경향이 강하다. 맞벌이가 일반적인 이

---

[*] 『年収300万円時代を生き抜く経済学』, 모리나가 다쿠로 저, 고분샤, 2005

나라의 가정별 평균 수입은 연간 400만 엔으로 유럽연합 내에서 가장 낮은 수준이지만 생활의 만족도는 가장 높다. 덴마크인은 일하는 시간을 줄여서라도 가족과 지내는 시간을 늘리려 한다. 그들도 예전에는 일본처럼 저출산 문제를 고민했지만, 행복의 잣대를 돈에서 시간으로 바꿈으로써 그 문제가 깨끗이 해결되었다. 1인당 노동시간이 감소한 덕분에 워크셰어링도 원활하게 이루어지고 있다.

우리는 호주나 덴마크 등의 나라에서 경쟁 사회가 아닌 협력, 배분, 연대, 안정감이 있는 사회, 따스한 인간관계에 기반을 둔 사회의 가능성을 엿볼 수 있다.

사람의 소중함을 국가 이념으로 내건 작은 나라, 부탄

이런 철학을 일찍이 선포하고 국가 이념으로 내건 나라가 있다. 히말라야 산맥의 가파른 비탈에 위치한 불교 왕국 부탄이다.

부탄의 제4대 국왕인 지그메 싱기에 왕추크(Jigme Singye Wangchuck, 1955~)는 1972년 17세의 나이로 왕의 자리에 취임하면서 "앞으로의 세계는 물질적인 부유함뿐만 아니라 생활의 질적 향상, 문화적 향상을 지향할 것이다"라고 선언하고 '만족과 행복'을 국가 목표로 제시했다. 그리고 그 목표를 달성하려면 정치 안정은 물론 사회적 조화와 문화 유지가 중요하다고 역설했다. 행복에 대한 이런 기준은 현재 유럽에서 '국민 총행복량'이라 불리는 개념과 동일하다.

부탄은 지금으로부터 무려 30년 전부터 경제 선진국이 표방해 온 국민총생산(GNP) 외에 '국민총행복량(GNH)'이라는 개념을 국가 지표로 내세우며 오늘날의 세계가 지향하는 것과 같은 목표를 지향했다.

힌두교 신도들과의 긴장 관계는 여전히 문제지만, 선대 국왕이 농지 개혁을 단행하여 95퍼센트의 국민에게 농가 1세대당 12헥타르(약 3만 6,000평)의 농지를 나눠 준 덕분에 현재 부탄의 모든 국민은 대지주가 되어 있다(1946년 일본의 농지 개혁에서는 부탄의 8분의 1에 해당하는 면적만을 나눠 주었다). 부탄에는 큰 부자도 없고 가난뱅이도 없다. 하지만 기본적으로 자급자족 경제라서 GNP를 산출하기가 어려운 데다 산출한다 해도 그 금액은 상당히 낮을 것이다. 그런데도 부탄 국민의 95퍼센트는 현재의 생활에 만족한다고 한다.

물론 우리의 기준으로 보면 사회 인프라는 거의 갖춰져 있지 않다. 그럼에도 국민들이 만족을 느끼는 것은 그들이 없는 것에 집착하지 않기 때문일지도 모르겠다.

그러나 이 국민 행복우선주의는 물질주의에 정반대되는 사상이 아니다. 오히려 정신을 중시하면서도 물질적 발전과 정신적 발전의 균형을 꾀하려는 사상이며 사람과 사람 사이의 정신적 유대를 중시하는 사상이다. 그러고 보니 지금의 많은 나라들에는 그 균형이 무너져 있는 것 같다.

부탄은 1974년에 국경을 개방하여 전 세계 관광객을 받아들이기 시작했지만, 지금도 급격한 서구화를 피한 채 천천히 세계화하는 방식을 택하고 있다. 부탄의 국가 목표인 '문화 유지'에는 노래와 의식,

풍습 등 무형 문화재 보호도 포함된다. 조형 미술은 문화적 유산으로 남지만 무형 문화재는 일단 사라지면 두 번 다시 만들 수 없기 때문이다. 다행히 부탄은 동남아시아의 독특한 문화를 지닌 작은 나라로 계속 존속할 가능성이 있다.

세계적으로 소수민족 문화가 서서히 사라져 가는 지금, 유·무형 문화를 남기려는 부탄의 노력은 개인 또는 국민 모두를 소중히 여기는 철학과도 밀접한 관계가 있을 것이다.

이러한 부탄의 국가 이념과 다운시프팅 현상은 경제 성장에 의존하지 않는 풍요로운 생활과 새로운 삶의 방식을 고려하는 사람들에게 큰 교훈을 준다. 특히 인구 과소화, 저출산 고령화 문제로 고민하면서 농촌 사회의 가능성을 모색하는 나라에게는 배울 점이 많다. 그뿐만 아니라 새로운 삶의 방식인 반농반X도 이들 사상과 유사한 점이 많다.

일곱 세대 후 자손의 삶까지
배려하고 책임지는 북미 원주민의 철학

생명과학에 관련된 전시와 연구를 하는 JT 생명지 연구관(JT生命誌 研究館)의 관장 나카무라 게이코 씨는 "인간은 유한한 지구에 사는 한 자신의 '본분'을 분별하고 천분(天分)을 살리며 지고한 환경 문제에 적극·과감하게 도전해야 한다"라며 사람들을 경계한다. 그는 자신의 사상을 다음과 같이 알기 쉽게 설명했다.

"인간이 지구의 생물 5,000만 종 중 하나로 살아가기 위해서는 '본분[分]'을 알아야 한다. 전철에서도 한 사람이 두 자리를 차지하면 다른 누군가가 앉지 못한다. 선진국이 소위 제3세계의 몫까지 써 버린 탓에 '남북 문제*'가 생겼듯, 지금 세대가 자원을 계속 착취하면 다음 세대와의 사이에 세대 간 불공평이 발생할 것이다. 자원이 무한하다고 믿었던 시대는 이제 끝났다. 후세를 배려하지 않고 자기 분(分)에 넘치게 행동한다면 미래 세대에 커다란 짐을 지우게 될 것이다."

나는 내 '분'은 농업이고 '지(志)'는 X라고 생각한다.

지금을 살아가는 현 세대를 우선하는 세상에서는 후세를 전혀 배려하지 않고 모든 일을 결정한다. 그리고 그 대가는 미래 세대가 대신 치르게 된다.

그 사실을 조금씩 깨닫기 시작했던 20대 중반, 나는 '일곱 세대 후의 자손'까지 염두에 두고 모든 일을 결정하는 북미 원주민 이로쿼이 족의 철학을 접하고 큰 충격을 받았다. 그들은 카누를 탈 때도 노를 천천히 젓는다. 너무 빨리 저으면 주변이 보이지 않기 때문이다.

그들은 '지금 이 나무를 베느냐 마느냐', '개울을 메우느냐 마느냐', '다른 부족과 싸우느냐 마느냐' 하는 모든 문제를 일곱 세대 후까지 생각하여 결정한다. 한 세대를 30년으로 보면 무려 210년 후까지 고려하는 것이다.

* 주로 북반구의 선진 공업국과 적도 및 남반구의 저개발 국가 사이의 발전 및 소득 격차에서 생기는 국제 정치·경제의 구조적 문제

그들과 반대로, 우리는 자손에게 미칠 영향은 고사하고 우리 자식이 질 부담조차 생각하지 않은 채 우리가 마치 마지막 세대인 양 행동하며 살고 있다.

발리 섬에서 이상적인
생활 방식을 발견하다

시골 동네 아야베를 떠나 도시에 살 때도, 나는 나름대로 장래 세대의 관점에서 환경 문제를 고민하고 새로운 삶의 방식을 모색하려고 노력했다. 그러나 결국은 자급 농업으로 돌아가지 않을 수 없었다.

하지만 농업만으로 문제가 해결되는 것도 아니다.

지금 우리가 진지하게 생각해야 할 문제에는 라이프 스타일(삶의 방식, 생활 양식, 일하는 방식) 등 개인적인 측면도 중요하기 때문이다. 예를 들면 '나란 무엇인가', '인간이란 무엇인가', '현재 내 삶의 목적은 무엇인가' 등등. 이처럼 문제 자체가 근본적으로 밝혀지지 않은 것이야말로 진짜 문제일지 모르겠다.

앞서 말했다시피 나는 1995년에 호시카와 준 씨의 책 『에콜로지란 무엇인가』에서 반농반저라는 말을 처음 접했다. 이는 농사짓는 생활, 즉 친환경적 생활을 기반으로 하면서 사회에 글을 통해 메시지를 전하는 삶의 방식을 말한다.

호시카와 씨에게는 집필, 번역이라는 재주가 있다. 그렇다면 나에게는 무엇이 있는지, 스스로에게 물어보았다. 그러나 나에게는 아무

것도 없었다. 사실 이렇게 느낀 사람이 나 혼자만은 아닐 것이다. 어쩌면 누구나 자신의 X를 찾는 중일지도 모른다.

그러다 문득, 반농반저의 '저'를 빼고 X를 넣어 보았다. 그러자 그 순간, 난제로 고민하는 인류 전체가 활용할 수 있는 데다, 21세기의 삶에 꼭 필요한 공식이 눈앞에 나타났다.

지속가능한 생활을 가능케 하는 작은 농업, 그리고 타고난 재주를 활용하고 사회적인 문제를 해결하는 X. 우리가 만들어 낸 다양한 난제를 해결하려면 이 둘이 동시에 필요했던 것이다. 그렇게 태어난 반농반X라는 말은 그야말로 내 인생을 송두리째 바꿔 놓았다.

그 이후 발견한 것이 '발리 섬 모델'이다. 이는 뉴욕이라는 극도로 문명화된 곳에 살며 과학, 인간, 자연의 공생을 추구했던 작가 미야우치 가쓰스케 씨와 시인 야마오 산세이 씨의 대담집 『우리의 지혜가 다하기까지』*에 등장하는 사회 모델로, 내 반농반X의 사상에도 큰 영향을 끼쳤다.

"나는 지금 발리 섬의 사회 형태에 푹 빠져 있다. 발리 섬 사람들은 아침 일찍 일어나 물 댄 논에서 일하고 더운 낮에는 쉬었다가 저녁이 되면 예술가로 변신한다. 그리고 매일 밤 마을의 집회 장소에 모여 음악과 춤을 연습하거나 그림과 조각에 영혼을 싣는다. 그리고 열흘에 한 번은 축제가 열리므로 거기서 각자의 재주를 펼치다가 다 함께 집단 최면 상태에 빠진다. 그리고 다음 날 아침이 되면 똑같이 논

---

* 『ぼくらの知恵が果てるまで』, 미야우치 기쓰스케 · 야마오 산세이 저, 자쿠마쇼보, 1995

에서 일하고 저녁에는 예술가가 되었다가 다시 열흘 후에는 집단 최면에 빠진다. 마을 사람 모두가 농민이고 예술가이며 신의 사제인 것이다. 이들 모두가 '완전한 실존'의 삶을 살아가고 있다. 나는 '이 발리 섬 모델을 인류 사회의 모델로 삼을 수는 없을까?', '과거로 돌아가기보다 이 섬의 모델을 미래 사회와 연계할 수는 없을까?'라고 혼자 고민하는 중이다."

우리는 완전한 실존으로서의 삶을 잊고 '부분'으로서 살고 있다. 과연 그것을 정상으로 되돌릴 방법은 없을까? 반농반X가 그 계기가 되기를 소망한다.

만물과의
관계 회복이
반농반X의
진짜 의미

왜 '농'과 X가
둘 다 필요한가

왜 '농'과 X가 둘 다 필요할까?

결론부터 말하자면 농사가 천직(X)을 심화하고 천직이 농사를 심화하기 때문이다. 농사는 생명을 직접 계승하는 행위다. 따라서 호시카와 준 씨의 이 말에 크게 공감할 수밖에 없다.

"아마추어 농사꾼에게 가장 재미있는 일은 아무래도 쌀농사다. 삶의 기초인 주식을 스스로 조달하는 일이므로 말로 표현하기 어려운 만족감을 느낄 수 있다. 자신의 생존을 스스로 책임지게 되면서 얻는 교훈은 상상 이상으로 크다. 쌀농사는 쌀을 주식으로 먹는 모든 지구인의 교양이라고 생각한다."

농사는 자연에 대한 감수성도 길러 준다. 농사를 통해 생명의 순환을 지켜보며 생명을 길러 내는 느낌을 배우는 것이다. 동물과 곤충, 식물이 나고 죽는 생과 사의 세계를 관찰하다 보면 저절로 유구한 자연과 덧없는 인생을 대조하게 된다. 아름다움에 감동할 줄 아는 감각, 인간에 대한 감사의 마음, 모든 감성이 거기서 솟아난다.

2003년 6월, 그해 처음으로 가족과 반딧불이를 보러 갔다. 가까운 강에 우리가 '반딧불이 다리'라고 부르는 작은 보행자용 다리가 놓여 있다. 거기에 잠시 머물러 있다 보면 어지럽게 날아다니는 반딧불이를 어린아이의 손으로도 쉽게 잡을 수 있다.

딸은 잘 시간이 넘었는데도 일 년 만에 만난 반딧불이와 조금 더 놀고 싶은 듯했다. 그래서 가족 만장일치로 '우리 논에 가 보자'고 합의한 뒤 논으로 향했다. 그곳은 아무도 없는 훌륭한 관찰 장소였다. 그때 나는 우리 논에 날아드는 반딧불이에 묘한 친근감을 느꼈다. 그렇게 조금 있다가 내일은 캠프용 의자를 가져오자고 약속하고 모두 집으로 향했다. 맥주를 챙겨 와서 전부터 꿈꾸었던 '여름철 반딧불 주점'을 즐길 생각을 하니 마음이 설렜다.

그런 생각을 하다 보니 레이첼 카슨(Rachel Carson)의 『센스 오브 원더』의 한 구절이 떠올랐다.

"아이의 천부적 호기심을 언제나 생생하게 유지하려면 우리가 사는 세계의 기쁨, 감격, 신비를 함께 찾아가며 감동을 나눌 수 있는 어른이 적어도 한 명은 아이 곁에 있어야 한다."

"'센스 오브 원더'를 갖춘 사람은 인생에 지치지 않는다."

"만약 내게 아이들이 잘 자라도록 지켜 주는 착한 요정과 이야기 할 능력이 있다면, 세상 모든 아이에게 평생 사라지지 않는 센스 오브 원더, 즉 신비함과 놀라움을 지켜보는 감성을 선물해 달라고 할 것이다."

문화인류학자 가와키타 지로 씨는 1995년에 출간한 그의 저서 『야생의 부흥』*에서 '농'과 X의 관계를 다음과 같이 정확하게 표현했다.

"앞으로는 만인에게 소원하건대, 전인적 삶의 방식을 갖추어야 한다. 또 이 전인적 삶의 가장 중요한 기초는 자신을 지키는 지혜와 하나의 일을 완수하는 역량이다(나는 지혜를 '농', 하나의 일을 X로 이해했다). 보수(保守)와 창조의 능력이 균형을 이루어야 한다는 뜻이다."

"자기 혼자만 조심스럽게 처신하는 것은 전인적인 삶의 방식이 아니다. 사람은 태어나면서부터 가족, 이웃과 함께 세상에서 살아간다. 그러므로 90퍼센트는 이기적이라 해도 나머지 10퍼센트는 원래 이타적이지 않을까? 상황에 따라 10퍼센트만 이기적일 수도 있고 반대로 10퍼센트만 이타적일 수도 있다. 이기적이든 이타적이든, 자신을 한쪽으로 단정해서는 안 된다."

또 가와키타 씨는 전인적인 삶의 구체적 형태로 청경우독(晴耕雨讀)이 아닌 청경우창(晴耕雨創)을 주장한다. 비가 오면 독서뿐만 아니라 머리를 쓰는 창조적 활동을 하라는 것이다.

* 『「野性の復興」—デカルト的合理主義から全人的創造へ』, 가와키타 지로 저, 쇼덴샤, 1995

그는 청경우창의 장점으로 맑은 날 농사를 지으면 생계와 건강에 도움이 된다는 점을 든다. 한편 사색 노동도 육체의 건강에 꼭 필요하다고 말한다. 가와키타 씨 본인도 전신 활동뿐만 아니라 전심(全心) 운동으로 건강을 유지하고 있다는 것이다.

청경우창의 삶은 시간을 유연하게 쓸 수 있어 가정생활에도 장점이 많다. 육아에는 전원의 환경이 도시보다 훨씬 유리하다.

그 외에 가와키타 씨는 다음과 같이 청경우창의 장점을 열거했다.

첫째, 농약, 화학 비료에 찌든 건강하지 않은 생활에서 탈출할 수 있다.
둘째, 인구의 대도시 집중을 완화할 수 있다.
셋째, 공업화를 억제하여 환경 문제를 개선할 수 있다.

가와키타 씨는 이런 말도 했다.

"청경은 1차 산업이고 우창은 사색 산업, 즉 5차 산업이므로 청경우창은 상공업 등 2, 3차 산업만이 돌출된 이 사회의 불균형을 개선하는 데에도 도움이 될 것이다."

또한 가와키타 씨에 의하면, 이 청경우창은 낭만적인 공상이 아닌 21세기의 희망적 생활 양식이다. 사람들이 다양한 사명을 서로를 위해 발휘하는 사회에서는 사람 사이의 관계, 가족의 관계, 생명체 사이의 관계, 그리고 사람과 자연과의 관계 회복이 우선되어야 한다. 또 자연(농사)에서 얻은 영감은 창작과 사색(X)에 지속적으로 큰 영향을 미친다.

74세의 우에바 간이치로 씨는 예전부터 이곳 아야베의 시골 풍경과 동식물 등 자연의 사진을 찍어 왔다. 그런데 그가 우리 지역 해발 352미터에 우뚝 솟은 늦가을의 소라야마를 찍고 있을 때 밭일을 하던 할머니가 이런 말을 했다고 한다.

"소라야마는 사계절 언제든 아름다우니까 잔뜩 찍어 둬. 소라야마가 기뻐할 거야."

'산이 기뻐한다'니, 우에바 씨가 평소에 까맣게 잊고 살았던 말이 아닌가. 감동한 우에바 씨는 그 말을 나에게 전해 주었다. 옛날 사람들은 분명 '산이 기뻐한다', '강이 기뻐한다'는 말을 자주 썼을 것이다.

우에바 씨는 얼마 전 나에게 '소라야마가 기뻐하는 사진이란 대체 어떤 사진일지 생각하게 됐다'라는 인상적인 말을 했다. 나는 "그것 참 철학적이네요. 아주 좋은 생각을 하고 계십니다. 할머니의 숙제로군요"라고 대답했다.

꼭 창작과 사색이 아니어도 좋으니 무엇이든 남에게 도움이 되고 싶다면 타인과의 관계가 꼭 필요하다. 그 관계를 가르쳐 주는 것이 자연이다. 자연은 인간의 영원한 스승이다.

사명 다양성의 시대에
해야 할 일

21세기는 생물 다양성의 시대라고 한다. 5년쯤 전, 내 마음속에는 이와 비슷한 사명 다양성이라는 말이 문득 떠올랐다.

생명의 다양성은 곧 각자가 지닌 사명의 다양성을 뜻하는 것이 아닐까 하는 생각이 들었다. 모든 생명이 각기 다르지만, 전체로는 '하나의 사명'을 담당하며 조화로운 우주를 구성한다. 우리는 분명 그런 우주에 살고 있다.

사명 다양성이라는 말을 알게 된 후로는 붐비는 도시와 만원의 전철까지도 즐겁게 느껴진다. 마주치는 모든 사람이 자신만의 사명을 갖고 이 세상에 태어났다고 믿기 때문이다. 그들을 보는 눈이 달라진 것이다.

잡초에 반대되는 '익초(益草)'라는 말을 만들어 낸 '농업과자연연구소' 대표 우네 유타카 씨는 "새로운 말이 생기는 것은 새로운 관점이 생겼기 때문이다. 새로운 관점은 새로운 말을 유도한다"라고 말했다. 이 새로운 말과 새로운 관점이 현대 사회에는 반드시 필요하다.

그 후 반농반X, 발리 섬 모델, 사명 다양성이라는 말에 끌려들기라도 하듯, 다양한 키워드가 속속 모여 들어 전체 퍼즐을 구성하기 시작했다. 그리고 내가 꿈꾸는 '타고난 재주를 서로 발휘하는 사회'는 점점 명확해져 갔다. 나는 이처럼 새로운 말을 계속 발견하면서 이 꿈을 실현하는 것이 나의 X(역할)일지도 모른다는 생각이 들기 시작했다. 그와 함께 내가 해야 할 일(미션)도 명확해졌다.

1등만 찾던 시대는 이제 한 사람과 한 생명, 한 지역이 중요한 '온리 원'의 시대로 확실히 바뀌고 있다. 21세기는 그야말로 사명 다양성의 시대다.

10년 전부터 마음에 담아 두었던 말이 있다. 회사원 시절 선배가 가르쳐 준 프랑스 사상가 시몬 베유(Simone Weil)의 말이다.

"무조건 주라는 말은 아니지만, 누구나 남에게 반드시 건네야 할 소중한 것을 자기 안에 가지고 있다."

그리고 몇 년 후에는 대학 선배에게서 '만나고 싶어서'(시집 『만나고 싶어서』*)라는 멋진 시를 듣게 되었다.

> 누군가를 만나고 싶어서 / 무언가를 만나고 싶어서 / 태어났다 / 그건 누굴까, 무얼까? / 언제 만날 수 있을까? / 심부름을 가다가 / 길을 잃은 아이 같아 / 어찌할 바를 모르고 있네 / 손 안에 / 보이지 않는 전할 말을 꼭 쥐고 있는 느낌 / 그걸 꼭 전해야 할 텐데.

내 '보이지 않는 전할 말'이 과연 무엇일지 궁금했다. '소중한 물건'과 '보이지 않는 전할 말', 그것이 분명 X이리라.

'기한이 없는 꿈은 실현되지 않는다'는 말을 들었을 때는 약간 충격을 받았다. 정말 맞는 말이다. 어느새 나도 어머니가 돌아가신 나이인 42세에 가까워졌다.

매 순간마다 '지금, 여기, 나'의 삶을 살아야 한다. 하지만 우리는 내일도 모레도 계속 존재할 것처럼 착각한 채 살아가고 있다. 인생에는 기한이 필요하다. 언제까지나 살 것처럼 생각하는 습관을 버려야 한다.

* 『あ・い・た・く・て (小さい詩集)』, 구도 나오코 저, 다이닛폰토쇼, 1991

'메멘토 모리(죽음을 생각하라)'라는 말처럼, 30대 이후 나는 어머니가 돌아가신 42세까지 몇 년이나 남았는지를 항상 생각하게 되었다.

그래서 스스로 '남은 수명'을 설정하기로 했다. 그 이상 살게 된다면 그것은 하늘의 상이며 선물이니, 감사한 마음으로 다음 꿈을 향해 나아가면 된다. 수명이 앞으로 5년 남았다면 나는 그때까지 무엇을 해야 할까? 못 다한 것은 무엇일까? 신이 있다면 내가 무엇을 하기를 원할까?

사람은 누구나 자신이 세상에 도움이 되기를 바란다. 또한 모두가 하늘이 내려 준 타고난 재주를 타인을 위해 서로 발휘할 수 있는 사회가 구현되기를 바랄 것이다. 나는 그렇게 믿어 의심치 않는다. 그 희망을 조금이라도 응원할 생각으로 시작한 것이 세계 유일의 극소규모 사업(사회적 사업)인 '포스트 스쿨'이다. 일본 기독교계의 지성 우치무라 간조는 무려 100년 전에 『일본의 천직』*이라는 책을 썼다. 지금 내가 할 일은 '아야베의 천직'이 무엇인지 탐구하는 것일지도 모르고, 모두의 천직이 무엇일지 함께 고민하는 것일지도 모르겠다.

나에게는 큰 꿈이 있다. 그것은 자기 탐구의 관점에서 마을 만들기를 실현할 방법을 찾는 것이다. 소위 '인생 탐구 도시(Vision Quest City)'에 대한 구상이다. 지금은 누구나 많든 적든 새로운 삶의 방식을 생각하는 시대다. 사람은 어디에서 와서 어디로 가는가? 무엇을 위해 태어났을까? 이 주제에 계속해서 도전하고 싶다.

---

* 『日本の天職』, 우치무라 간조 저, 가도카와쇼텐, 1953

도시나
회사에서는
할 수 없는 일

돈, 사업, 사상, 생애 중
우리는 이 세상에 무엇을 남기고 떠날 것인가

나는 버블의 정점이라 불리는 상징적인 해인 1989년에 대학을 졸업하고 오사카의 카탈로그 통신판매 회사 펠리시모(현재 본사는 고베 시)에 입사했다. 펠리시모는 당시 기업으로서는 드물게 환경 문제에 관심이 많은 회사였다. 그래서 전사적으로 환경 문제를 고려한 경영 전략을 세우고 상품을 개발했다. 전 상품의 95퍼센트가 자사 제품이었는데, 카탈로그 용지로 재생지를 쓰고 나무를 심을 정도였다. 대두 잉크도 일찍부터 사용했다. 완구에는 아기가 입에 넣어도 무방한 소재를 썼다. 식품을 취급할 때는 당연히 몸에 좋은 상품을 만드는 데에

역점을 두었다.

만약 펠리시모에 입사하지 않았다면 나는 지금만큼 환경 문제를 의식하지 않았을 것이다. 자연 환경이 잘 보존된 곳에서 대학을 다녔기 때문인지 그때까지는 환경 문제에 큰 관심이 없었던 것이다.

입사 후 처음에는 인재 교육 업무를 맡았고, 그 다음에는 기회 개발자나 장래 세대를 주제로 한 새로운 사회의 모색 등 사회 디자인 사업을 추진했다. 기업 활동이었지만 비영리적인 분야였다. 그 과정에서 야자키 가쓰히코 회장 밑에서 많은 것을 배웠고, 심포지엄 등에도 다양하게 참가했으며 국내외 심포지엄을 개최하는 사무국 운영에도 참여하는 등 풍부한 지적 자극을 받았다. 이처럼 비즈니스 이외의 지식이 필요한 업무를 담당한 덕분에 새로운 개념을 만들어 내는 기쁨 또한 알게 되었다. 지금도 주변에서는 왜 그런 회사를 그만두었느냐며 의아해한다.

그러다가 28세 때 『후세에의 최대 유물 - 덴마크 이야기』*를 읽게 되었다. 이 책에서 "우리는 무엇을 이 세상에 남기고 떠날 것인가? 돈일까, 사업일까, 사상일까?"라는 질문을 보게 되었다. 마치 나에게 직접 묻는 것 같았다.

이 저서는 100년도 더 된 예전의 강연 기록을 정리한 것으로, 지금도 많은 이에게 영감을 주고 있다. 우치무라 씨는 33세 때 하코네에서 이 강연을 했다. 나는 그 나이가 된 나 자신을 상상하고 굉장한 충격

---

* 『後世への最大遺物・デンマルク国の話』, 우치무라 간조 저, 이와나미쇼텐, 2011

을 받았다. 나는 도저히 그 발끝에도 미치지 못할 것 같았다. 그래서 33세부터 새로운 인생을 개척해야겠다고 결심했다.

| 타인에 대한 배려는
| 환경 보호의 출발점

그 후 '다음 세대에 무엇을 남길까'는 내 인생의 주제가 되었다. 그것은 평생의 숙제이자 내 삶의 방식에 관한 문제였다. 이미 말했듯이 장래 세대, 일곱 세대 후라는 개념 역시 나에게 큰 영향을 미쳤다. 지금처럼 도시 생활, 회사 생활을 계속한다면 그 숙제를 완수할 수 없을 것 같다는 생각이 들었다.

주제넘은 말이지만, 환경 문제를 해결하려면 타인에 대한 배려가 기본이 되어야 한다. 이타심이라고 말해도 좋다. 비대한 욕망은 이기심에서 나오며, 그것이 초래한 환경 문제는 이타심 없이는 해결할 수 없다.

이 문제를 진지하게 생각하다 보면 역시 나 자신의 정신세계를 돌아볼 수밖에 없다. 그렇지 않으면 삶의 방식을 생각할 때조차 무언가 핑계를 찾게 될 가능성이 크다.

내 아버지는 초등학교 교사셨다. 또 만년에는 장애인의 자립에 헌신하셨다. 초등학생 때부터 그런 아버지를 보고 자랐기에, 나도 교육과 복지에 자연스럽게 관심을 갖게 되었다. 그래서 초등학생 때부터 교사를 지망한 것 같다.

어머니를 열 살 때 여읜 것도 내 정신적 자각을 부추긴 듯하다. 또한 사상, 철학에 관심이 있어 대학에서 신학을 전공하게 된 것도 이후의 사고방식에 큰 영향을 미쳤다.

하지만 아야베라는 곳에서 태어나고 자란 것이야말로 내 모든 정신 세계의 근원인지도 모른다. 나만 그럴지도 모르지만 아야베에서는 무언가 강한 영적인 힘이 느껴진다. 아야베에 돌아온 사람, 이주한 사람들도 특정한 종교와는 아무 상관없는 영적인 힘을 이곳에서 느끼는 것 같다. 말로 표현하기는 어렵지만 말이다.

초등학교 때는 산의 신에게 밀짚과 대나무로 만든 사당과 제물을 바치는 '산신님'이라는 행사가 있었다. 12월 초가 되면 아이들은 가을의 수확에 감사하는 의미로 신당을 만들어 조심스레 산으로 옮겼다. 이처럼 산신님이라는 보이지 않는 존재를 숭배하는 의식은 우리의 사고에 큰 영향을 미쳤을 것이다. 특별한 영감 따위는 없는 평범한 아이였지만, 나도 사당이 있는 숲에서 무언가를 느꼈던 것 같다. 이 지역 사람들은 지역의 신으로 소라야마 산을 받들어 왔다. 아마 이런 삶의 태도는 각자의 할머니에게서 배우지 않았을까? 나 역시 애니미즘(정령신앙)적인 경향이 강한 듯하다. 어린 마음에도 보이지 않는 것에 대한 경외심이 있었던 것을 보면 말이다.

옛날 사람들은 그런 태도를 다음 세대로 계승했다. 내 딸 역시 가르친 적도 없는데 지장보살을 보면 합장을 한다. 게다가 놀랍게도 90세쯤 되는 할머니에게도 합장하며 절을 한다. 그 모습을 보고, 특정 종교를 믿지 않더라도 아이가 종교성과 경건함을 자연스럽게 이어받았으면 좋겠다는 생각이 들었다.

예전에는 모든 집에 불단과 신당이 있었다. 옛날 사람들은 돌멩이나 벌레에게도 영혼이 있다며 만물을 존중했다. 내가 사는 곳은 중심가에서 떨어져 있어서 그런지 그런 풍습이 일상에 특히 많이 남아 있는지도 모른다.

자연에 대한 경외심. 내 정신이 형성된 배경을 새삼 돌이켜 보니 환경 보호, 반농의 삶 등은 역시 내가 필연적으로 걸어야 했던 길인 듯하다.

아이에게 무엇을 남겨 줄 것인가

1999년 1월 20일, 나는 34세를 눈앞에 두고 펠리시모를 퇴사했다. 매월 일정하게 나오던 수입이 없어지는 것은 사실 큰 문제였다. 공무원 부모 아래에서 자랐기에 스스로의 힘으로 먹고사는 것이 무엇인지, 막상 겪어 보기 전에는 몰랐던 것 같다.

아내는 내가 회사를 조금 더 다니기를 원했다. 언젠가 그만두는 것에는 동의하지만, 나보다 현실적인 사람인지라 저축이 더 필요하다고 이후 가계를 책임질 내 능력이 아직은 부족하다고 느꼈을 것이다. 그래서 새로운 삶의 방식, 생활 양식의 중요성을 인정하면서도 퇴사를 적극적으로 찬성하지는 않았다.

그러나 나는 내 멋대로 펠리시모를 그만둘 날짜를 정해 버렸다. 아무래도 미룰 수가 없었다.

사토야마네트 아야베가 있는 학교 구역 옆에 어머니의 묘소가 있다. 나는 어머니가 돌아가신 마흔둘의 나이를 내 인생의 기한으로 이미 정한 터였다. '나에게 주어진 숙제의 답을 구하려면 지금 그만두어야 한다, 안 그러면 시간이 부족하다'라고 생각했다. 그렇게 날짜는 다가왔다.

사표를 낸 것을 알게 된 뒤 약간의 다툼이 있었지만, 아내는 마음을 빨리 바꿀 줄 아는 사람이라서 금세 고향으로 유턴을 하자며 나를 재촉했다. 아내에게는 자연식 요리가 있었다. 또 1990년경부터 둘 다 자기 탐색을 해 왔으므로 근본적으로는 서로를 이해하고 있었으리라 생각한다.

지금 나의 숙제는 '딸에게 무엇을 남기느냐' 하는 것이다. 퇴사할 당시 딸은 열 살이었다. 내가 어머니를 여읜 나이이다. 딸의 인생을 인도할 만한 무언가를 남기고 싶었다. 타성에 젖어 살다가 열 살짜리 아이에게 아무것도 남기지 못하고 떠난다면 너무 슬프지 않겠는가. 그런 의미에서, 나는 마흔둘에 죽어도 좋을 만한 삶의 방식을 선택하기로 했다.

딸이 초등학교에 진학하면 친구들과 영향을 주고받게 될 테니 지금과는 상황이 많이 달라지리라 생각했다. 스무 살이 넘으면 부모의 삶의 방식을 이해할지도 모르지만 그때까지 부모의 가치관 속에 머무르게 하기에는 이런저런 어려움도 많을 듯했다. 결국 내 아버지가 그랬듯 내가 모범을 보여주는 수밖에 없다는 생각이 들었다. 예로부터 부모의 가치관을 그대로 계승하는 아이는 많지 않다. 당연히 적잖은 반발을 각오해야 한다. 딸의 인생을 인도할 만한 무언가를 남기고 싶은 마음은 간절하지만, 선택은 결국 딸의 몫이라 생각한다.

무엇을 할까에서
무엇을 했는가로
- 자 기 탐 색 의 여 행

퇴직 후 부부 사이에
문화 격차가 생기는 이유

남성은 일반적으로 여성보다 자기 탐색이 더디다고 한다.

사실 월급 생활자들은 50대가 되어서도 '조금만 더 버텼다가 퇴직한 후에 좋아하는 일을 하자'고 생각하기 쉽다. 그러나 그때가 되면 체력이 달릴 수 있다. 그래서 되도록 일찍부터 자기 탐색을 시작하여 퇴직 후를 위한 도움닫기 기간, 준비 기간을 갖는 것이 좋다. 자신이 무엇을 좋아하는지 알기만 하면 재미있고 신나는 제2의 인생을 살 수 있다. 반면 여성은 육아가 끝나면 그런 과정이 자연스럽게 시작된다.

퇴직 이후 부부 사이에 문화 격차가 생기는 것은 그 때문이다. 남성은 구조조정, 질병 등 불의의 사태가 일어나지 않는 한 자신을 재점검하고 자신을 바꾸려는 생각을 좀처럼 하지 않는다. 그에 비해 여성은 환경, 교육, 음식, 간호, 복지 등에 관련된 NPO에서 활동하거나 사회적 창업을 하는 경우가 많다.

내가 사토야마네트 아야베에 들어가기까지 약 일 년간을 자발적인 실업 상태로 지내는 동안, 아내는 근처에 생긴 노인 시설에서 식사를 준비하고 노인들을 돌보며 가계를 지탱했다. 그리고 나는 주부로서, '육아는 최대의 사업', '육아는 가장 창조적인 일'이라고 자신을 격려하며 반농반X를 구상했다.

이처럼 부부 각자가 자신의 X를 발휘하여 수입을 얻을 길을 찾아야 한다. 동시에 반농으로 먹고살 만큼의 식량을 조달해야 한다. 내년 여름까지 먹을 쌀이 있다는 사실은 커다란 정신적 여유를 가져다준다. 지금은 이상 기후조차 일상화되어 무슨 일이 일어나도 이상하지 않은 시대니 말이다.

사토야마네트 아야베에서 처음 2년간은 시청의 파견 직원으로 일했다. 해당 업무를 아예 사토야마네트 아야베에 위탁해 주기를 원했지만 그런 전례가 없다고 했다. 그때는 부업이 금지된 공무원 신분이라 포스트 스쿨 등의 사업을 돌볼 수 없었다. 그러다 2002년에야 업무 위탁이 이루어지면서 개인적인 X에 힘을 쏟을 수 있게 되었다.

여담이지만 펠리시모를 퇴직한 1999년 1월 20일로부터 정확히 4년이 된 어느 날, 출판을 권하는 소니 매거진의 메일을 받게 되었다. 특별히 믿는 신은 없지만 정말로 신기한 일이다. 신이 그제야 내 준비가 끝났다고 판단한 것일까?

하고 싶은 일을
찾는 법

자기 탐색이란 무엇일까? 사람은 그 열쇠를 찾고서도 열쇠 구멍을 못 찾아 문을 열지 못할 때가 많다. 진정한 자신을 안다는 것은 자기 안의 타고난 재주 즉 X를 찾아내서 세상을 위해 활용하는 것이라고 생각한다. 그리고 그 일을 인생의 마지막 순간까지 지속하면서 축적된 자신이야말로 진정한 내가 아닐까?

주변의 반농반X 동료들을 보면 자기 탐색이 거의 끝난 듯 보이지만, 막상 "당신의 천직은 무엇이냐?"라고 물으면 "아직 찾는 중"이라고 대답하는 사람이 많다. 나 역시 아직 그것을 찾아 나가는 과정 중에 있다.

성서에서 "하늘에 갖고 갈 수 있는 것은 남에게 준 것뿐이다"라는 말을 읽고 감명을 받은 적이 있다. 그 이야기를 누군가에게 전했더니 그 사람은 "남에게 주지 않은 것은 모두 낭비다"라는 인도 속담을 들려주었다.

내 여행의 목적은 내게 맡겨진 것, 부탁받은 것을 남에게 전하여 그를 돕는 것이다. '주는 문화'를 사회에 뿌리내리게 만드는 활동을 계속하고 싶다.

지금 우리 사회는 자신이 무엇을 하고 싶은지도 모르는 사람으로 가득하다. 꿈 자급률이 몹시 저하된 것이다.

동시통역, 환경 문제 등의 분야에서 활약하는 에다히로 준코 씨는 매일 새벽 2시에 일어나 자신의 능력을 개발한다고 한다. 천직을 발견하는 그녀만의 공식은 '좋아하는 일 × 중요한 일'이다.

그러나 대부분의 사람은 자기 자신이 무엇을 좋아하고 무엇을 잘하는지 잘 모른다. 그래도 혼자 그런 것은 아니니 포기하지 말고 꾸준히 찾기를 바란다.

왜 모르는 것일까? 예전에 "꽃을 좋아했으니 정원사가 되렴. 자기가 좋아하는 일을 할 때는 두려움도 비교도 야심도 없어. 그저 애정뿐이지"라는 글을 읽고 감동했던 기억이 난다. 인도의 사상가 크리슈나무르티가 남긴 말이다. 천직의 힌트는 어릴 때 좋아했던 일 등 의외로 가까운 곳에 있을지 모른다.

주변의 '살아 숨 쉬는 사실'에 눈을 돌리자

회사를 다녔던 경험에 비추어 말하자면, 일에는 하고 싶은 일, 할 수 있는 일, 해야 하는 일이 있다. 개인과 사회라는 관점에서 나누어 생각해 보면, 개인적으로는 하고 싶은 일, 할 수 있는 일이 있고 사회적으로는 사회에 필요한 일, 즉 주어진 일, 사명, 지시받은 일이 있을 것이다.

하고 싶은 일에만 집착하면 회사 내의 인간관계에 문제가 생긴다.

그렇다고 하고 싶은 일을 참으며 지내거나 무엇을 하고 싶은지도 모르는 채 살아간다면 삶이 시시해질 것이다. 그래서 중요한 것이 바로 균형과 조화다. 하고 싶은 일과 회사에서 시키는 일이 일치하는 것만큼 행복한 일이 있겠는가? 그러나 현실은 만만치 않다.

인생에 관해서도 똑같은 말을 할 수 있다. 호시카와 준 씨는 자신의 인생의 균형을 맞추기 위해 농업, 저술 및 번역, 여가를 4:4:2의 비율로 유지한다고 한다. 무엇이 하고 싶은 일이고 할 수 있는 일이며 해야 할 일인지 구분하기는 어렵지만, 모든 일은 이 세 가지 중 하나일 것이다. 그런데 가끔은 하고 싶은 일과 해야 할 일이 일치할 때가 있다.

나는 업무와 회의, 행사, 독서 등 다양한 일에 관해 그것이 '사명 내'인지 '사명 외'인지를 구분한다. 이처럼 하고 싶은 일, 할 수 있는 일, 해야 할 일을 명확히 구분하여 관리할 필요가 있다. 각각의 영역이 뚜렷해지면 삶에 균형도 잡히고 다른 요소를 융합시킬 방법(반농반X)도 생길 것이다.

문제는 하고 싶은 일이 전혀 없는 것처럼 느껴지는 것이다. 나로 말하자면, 무언가 궁금한 것, 옛날부터 좋아했던 것, 눈길을 끄는 것 등 다른 일보다 중요해 보이는 일부터 뒤져 가며 나의 X를 찾아냈다. 이처럼 주변의 '살아 숨 쉬는 사실'을 직시하면 시야가 의외로 넓어질 것이다.

만약 무언가 떠올랐다면 일단 도전해 보자. 아니면, 일단 할 수 있는 것부터 도전해 보자. 아주 작은 일이라도 좋다. 가령 좋은 말을 들었을 때 그 말을 엽서에 써서 친구에게 보내 주면 어떨까? 거기에서 당신의 이야기가 시작될 것이다. 실천하다 보니 관심이 더 깊어지고 열정이 생겨난다면, 그것이야말로 자신이 진정 하고 싶은 일일 가능성이 크다. 인생은 '무엇을 할까'를 모색하는 과정 그 자체여도 좋지 않을까? 인생을 마칠 때 '무엇을 했느냐'는 질문에 스스로 답할 수 있다면 그것으로 충분할 것이다.

좋아하는 사람의 밭을 보러 가는 것의 의미
- 감성의 위대함

우리는 도시에 모든 것이 구비되어 있어 받기에만 익숙해진 탓에 자신이 하고 싶은 일을 찾지 못하는지도 모른다. 스스로 무언가를 생각하는 능력을 잃은 것이다.

나는 그런 사람일수록 시골에 놀러오거나 시골에서 한동안 지내 보라고 권하고 싶다. 사람, 물건, 정보가 넘치는 곳에서 떠나 그것들이 희박한 곳으로 거처를 바꿔 보면 이전에 몰랐던 것과 보지 못했던 것을 뚜렷하게 보고 깨닫게 될 것이다. 찾던 것이 의외로 가까운 곳에 있었다는 사람도 많다. 거듭 이야기하듯, 시골은 사색에 가장 좋은 장소다.

그렇다고 당장 시골로 이사하라는 말은 아니다. 시골과 도시에 반반씩 살아도 좋고, 주말만 시골에서 지내는 것도 괜찮다. 그러면서 자연 속에서 문득 떠오른 생각을 잘 간직하면 된다.

19세기의 미국 사상가 헨리 데이비드 소로우(Henry David Thoreau)

는 "인간에게는 야성이라는 강장제가 필요하다"라고 말했다. 소로우는 2년 2개월 동안 숲 속에서 혼자 산 경험이 있다. 철저한 심플 라이프를 추구한 것이다. 그래서인지 지금도 소로우의 『월든』은 사람들에게 큰 영향을 미치고 있다.

시골에는 자연이 주는 영감이 있다. 그것이 인간의 창조적인 활동을 돕고 생활에 자극을 준다. 게다가 논밭에서 육체노동을 하다 보면 나에게 생명을 내어주는 다른 생명의 은혜, 음식의 고마움을 절감하게 되므로 "잘 먹겠습니다"라는 말이 자연스럽게 입에서 나오게 된다. 흐르는 땀에도 기분이 좋아진다. 공복은 무엇과도 비길 수 없는 양념이다. 그뿐만 아니라 생명의 순환, 만물과의 대화, 이런 기본적인 감성이 넘치는 곳이 바로 시골이다. 감성은 사고력의 원천이기도 하다.

앞에 등장했던 메밀국수 장인은 전원생활 체험 투어에서 우리 논에 맨발로 들어갔을 때 조부모, 부모, 어릴 적의 추억이 이것저것 떠올랐다고 한다. 너무 거창한 말인지도 모르지만, 이런 감성이 있다면 시대의 흐름과 변화에 대응할 뿐 아니라 변화의 조짐도 알아챌 수 있지 않을까? 나는 삶이란 변해야 할 것과 변하지 않아도 되는 것의 엇갈림이라고 생각한다. 그만큼 변화가 많은 삶에는 자연이 주는 감성이 반드시 필요하다.

자연이 인간에게 선사하는 오감에는 무언가 메시지가 담겨 있다. 오감을 통해 재해나 그해 농사의 결실을 예측할 수도 있다. 또한 자연은 위대한 작가다. 아야베로 이주한 예술가들은 그 사실을 깨닫고 자연에게서 배우려고 노력한다. 도시에서 예술 활동을 하던 사람이 시골에 오면 작품 분위기부터 달라진다고 한다. 예술은 마음을 작품으로 표현하는 일이기 때문이다.

『경제인류학에의 초대』*라는 책에는 파푸아뉴기니의 오로카이바(Orokaiva)족 소녀가 결혼하기 전에 상대의 채소밭을 보러 간다는 이야기가 나온다. 그들은 채소밭에서 상대의 성격을 읽어 낼 수 있다고 믿는다.

그들은 밭과 흙, 식물, 곤충, 공기, 물과 마음을 주고받을 줄 아는 사람을 결혼 상대로 고른다. 이는 감성에 입각한 사상이라 할 수 있다. 관심이 가는 이성의 밭에서 그 주인의 영혼을 엿보고, 바로 이 사람이라는 직감이 오면 인연이 맺어지는 것이다. 우리도 이런 감성을 회복할 날이 언젠가 올 것이다. 하고 싶은 일, 좋아하는 일을 찾기 위해서도 감성, 감수성은 매우 중요하다.

---

*『経済人類学への招待 ―ヒトはどう生きてきたか』, 야마우치 히사시 저, 지쿠마쇼보, 1994

X는
자신을
변화시킨다

내 반농반X의
목표는?

닭의 부화는 어미 새와 병아리의 협동으로 이루어진다. 병아리가 알 안쪽에서 껍질을 쪼면 어미 새는 밖에서 껍질을 쪼아서 깨뜨린다. 이를 줄탁(啐啄)이라 한다. '줄'은 안에서 쪼는 소리, '탁'은 밖에서 쪼아 깨뜨리는 소리다. 선종에서는 이에 빗대어 스승과 제자가 마음을 합하는 것을 '줄탁동시(啐啄同時)'라고 부르는데, 이때가 바로 깨달음이 이루어지는 순간이다.

　나는 선생님이 되기 위해 교육 실습을 하기 직전인 스무 살 때 아버지에게서 이 말을 들었다. 그리고 그 말은 내 좌우명이 되었다. 딸의 이름인 '히나코'*도 이 말에서 유래했다. 딸의 이름에는 만물과 마음을 조화시킬 수 있는 사람으로 자라기를 바라는 내 마음이 담겨 있다.

이것이 교육의 근본이라고 생각한다. 아이의 성장하고픈 마음, 교사의 전하고 싶은 마음이 하나가 될 때 아이는 성장한다.

내 X인 미션 후원도 마찬가지. '내가 할 수 있는 일이라면 무엇이든 돕겠다'라는 내 마음과 자신의 미션을 찾아 성취하려는 사람의 마음이 하나가 되었을 때 새로운 X가 탄생한다. 요즘은 그런 사람을 만날 때마다 어떤 새로운 X가 탄생할지 가슴이 두근거린다.

내 반농반X의 목표는 많은 사람들과 함께 각자의 X를 찾는 것, 그리고 이렇게 사는 방법도 있다고 세상에 외치는 것이다.

'정년 귀농'이라는 말을 듣자마자 '아, 이것이 내가 살아갈 방식이다'라고 깨달았다는 사람도 있다. 그래서 이 반농반X라는 말을 더 많은 사람에게 전하고 싶다. 진심으로 그 역할을 감당하고 싶다.

사회에 도움을 줄 수 있는 당신의 간판 상품은 무엇인가

사람과 사람을 연결하는 달인이라 불리는 일본 자본주의의 아버지 시부사와 에이이치(渋沢栄一). 그는 작은 농업을 생활 기반으로 삼는 우리와는 정반대의 위치에 있지만, 그의 X 역시 미션 후원이 아니었을

---

* '히나'는 일본어로 병아리를 뜻한다.

까 싶다. 시부사와 씨는 사업가면서도 "큰 부자가 되는 것은 좋지 않다. 부의 축적에는 제한이 없기 때문이다. 극단적으로 말해, 한 나라의 재산을 한 사람이 모조리 소유한다면 어떤 결과가 나타날까? 이야말로 국가 최대의 불상사는 아닐까?"라며 인간의 마음속에 숨은 과한 욕심을 경계한 바 있다.

그리고 사업가로서도 이런 말을 남겼다. "지식이 많은 사람, 유능한 사람을 많이 키워서 국가의 이익을 높여야 한다.", "한 사람이 아무리 많은 재산을 축적한다 한들, 그것은 다른 사회 구성원의 이익과는 상관없는 무의미한 일이다. 어리석게도 그런 무의미한 일에 귀중한 인생을 바치지 말고, 인간으로 태어난 이상 좀 더 의미 있는 인생을 살아야 한다."

앞에서 소개한 소로우도 시부사와 에이이치와 동시대의 인물이다. 소로우가 감수성이 예민한 청춘을 보낼 무렵, 미국은 영국의 산업혁명의 여파로 인해 물질 지상주의가 만연해 있었다. 소로우는 일에만 빠져 사는 인생에 대해 "단지 돈을 얻기 위한 일은 아무것도 하지 않는 것이나 같다"라고 비판했다. 그것은 조잡한 인생에 불과하며 그 근본에는 자신의 집이나 옷 등 외면적인 것으로 남의 선망을 사려는 마음이 있다는 것이다. 시부사와와 소로우의 지적은 예전에는 거품 경제에 희희낙락했고 이제는 소위 아메리칸 스탠더드에 놀아나는 현대인들에게 경종을 울리고 있다.

소로우는 사회를 비판하는 한편, 우선은 자기 자신부터 진정한 생명을 영위하는 생활을 누려야겠다며 숲 속으로 들어갔다.

환경 문제에 종사하는 사람 대부분이 처음에는 사회를 바꾸려고 애쓴다. 그러나 사회는 그리 간단히 변하지 않는다는 것을 깨닫고 이내 좌절한다. 하지만 사회는 쉽게 바뀌지 않아도 자신은 바꿀 수 있다는 것을 깨닫는다. 사람들 각자가 그렇게 생각하고 행동하면 사회는 저절로 달라질 것이다. 마하트마 간디도 "세상이 변하기를 원한다면 자신이 먼저 그 변화가 되라"는 말을 했다.

되도록 자신에게 솔직해져서 자신이 정말로 하고 싶은 일을 찾고 가능한 것부터 실천해 나가자. 영국 시인 조지프 애디슨(Joseph Addison)의 말처럼 "진정한 행복은 일단 자신이 행복한 데서 시작되며, 엄선된 소수의 친구와의 관계 속에서 자라난다."

자기 인생의 큰 사업, 최우선 사업을 성취하려면 자신의 강점이 무엇인지 알아야 한다. 자신의 브랜드, 자신의 간판 상품을 정확히 인식하고 자신이 사회에 어떤 도움을 줄 수 있는지 파악해야 한다. 이처럼 자신의 특기를 찾아내서 차차 성장시키며 사회에 공헌하다 보면 길은 반드시 열릴 것이다.

제5장

반농반X는 문제를
해결하는 삶의 방식이다!

다 양 한   사 회   문 제 를   극 복 하 는   지 혜

스스로 쓰고
스스로 연기하는
반농반X의 삶

니시다 다쿠지 씨는 자신의 반농반NPO의 삶을 이렇게 설명한다.

"제가 각본을 쓰고 제가 연기하는 영화에 출연한 것 같습니다."

각본, 감독, 주연을 자신이 모두 맡고 뛰어난 조연들에게 둘러싸인 채 연기를 하는 것이다. 이렇게 생각해야 인생이 재미있다. 많은 사람의 인생이 재미없는 것은 그들이 작가 겸 주연이 아니기 때문이다. 내 인생의 주인공이 된다는 것은 제멋대로 산다는 뜻이 아니라 진심으로 원하는 것을 표현하며 산다는 뜻이다.

화지 예술가 하타노 와타루 씨는 아야베의 구로타니에서 화지를 만든 지 벌써 7년이 되었다. 원래 그는 도쿄의 미대에서 유화를 전공했고 졸업한 후에는 디자인 회사에 근무했다. 그러던 어느 날, 갑자기 이유 없는 눈물이 터져 나와 사흘 동안 멈추지 않았다. 그는 그 후 회사를 그만두고 홋카이도에서 방랑 생활을 하다가 공동 창작자인 유키 씨를 만났다. 그는 지금까지 써 본 다양한 산지의 화지 중 구로타니 화지가 가장 강해서 신뢰가 갔고 자신의 스타일에도 딱 맞았다고 말한다. 하타노 씨는 처음부터 끝까지 자신이 주도할 수 있는 일을 찾았고, 그래서 아야베로 왔다.

하타노 씨의 좌우명은 무욕(無慾)이다. 어떤 의미인지 묻자 '욕심을 내면 오래 남을 작품을 만들 수 없다'고 말한다. 그래도 여전히 욕심을 내게 된다는 말도 덧붙였다. 또한 그는 공간에도 관심이 있다.

"공간은 다양한 곳에 펼쳐져 있습니다. 실내에도 공간이 있고 소리 안에도 머릿속에도 가지각색의 공간이 있습니다. 그리고 그 안에 내가 가장 기분 좋게 느끼는 리듬이 있습니다. 그 리듬을 찾는 방법은 사람마다 다르지만, 저는 공간에 펼쳐진 소음 속에서 단서를 찾아내고, 거기서부터 몸 한가운데로 울려 퍼지는 느낌에 몸을 맡깁니다. 머리로 생각하면 안 됩니다. 사고는 감정을 증폭시키고 관념을 만들어 내니까요. 관념은 무언가 구별하고 변화를 추구하는데, 변화를 추구한다는 것은 지금을 부정한다는 뜻이거든요. 느낌을 중시해야 합니다. 그러려면 자신이 좋아하는 공간에 있어야 합니다. 감각은 자신을 성장시키고 진화하게 합니다."

하타노 씨는 아야베에 대해 이렇게 말했다.

"기분이 좋은 곳, 차분해지는 곳입니다. 이웃 아줌마, 아저씨와 이야기만 해도 '아, 내가 살아 있구나'라고 느끼게 됩니다. 현실감이 넘친다고 할지 붕 떠 있지 않다고 할지, 어쨌든 땅이 사람의 발을 붙들고 안 놓아 주는 느낌입니다. 특히 제가 사는 무코다 마을과 일터가 있는 구로타니에서는, 마치 주변 환경이 '다음에는 이런 일을 하라'고 가르쳐 주는 듯합니다. 남들이 뭐라 하든 상관없는 듯한 분위기도 좋습니다. 다른 사람들에게도 자주 말했지만, 아야베는 비 오는 날의 툇마루 같은 곳입니다. 세상이 혼란스러워도 조용히 그 혼란을 지켜볼 수 있는. 아야베에는 자신만의 리듬에 따라 멋지게 사는 사람이 많습니다. 그런 사람들을 모아 하나의 공동체를 만들면 좋겠습니다."

40대 이후 인생을
역산하게 되었다

디지털 아티스트이자 웹디자이너인 사가네 요시타카 씨는 어느 날 문득 자신 안에 잠들어 있는 음악과 일러스트레이션, 디자인을 어떻게든 밖으로 표현해야겠다는 생각이 들었다. 반드시 해야 한다는 사명감을 느낀 것이다.

그가 세상에 내놓아야 했던 것, 그것은 무엇일까?

1959년, 아야베 시의 농촌에서 태어난 그는 유치원 교사였던 어머니의 권유로 어릴 때부터 피아노를 배웠다. 당시에는 그저 싫었지만 그것이 다양한 의미에서 지금의 자신에게 큰 재산이 되었기에 감사하고 있다.

"부모의 사명은 아이가 재능을 꽃피울 수 있도록 환경을 마련해 주는 것"이라는 말을 책에서 본 적이 있다. 새삼 돌아보면 우리 모두는 인생의 주인공이 되어 조연(부모, 스승, 친구)으로부터 그런 기회를 제공받는다.

우리는 각자 인생의 주인공이자 남의 인생을 지원하는 조연이다.

사가네 씨는 중학교 때부터 기타를 독학으로 배워 고등학교 시절에 밴드를 결성했다. 또 대학 시절에는 라이브 하우스에서 음악 활동을 하기도 했다. 대형 유명 음반사의 권유로 정식 데뷔를 하려던 적도 있지만 어쩐지 일이 잘 성사되지 않았다.

그래서 1982년에 컴퓨터 음악을 시작했고 1986년경에 그래픽 디자이너로 전향했다. 또 1994년에는 매킨토시를 다루기 시작했고 1997년에는 디지털 아트를 시작했다. 그 후 일본 디지털 아트 콘테스트에 입선했으며 컴퓨터 그래픽 아티스트로서 작품 활동을 지속하고 있다.

그는 웹디자이너로서도 많은 홈페이지를 제작했다. 사토야마네트 아야베의 홈페이지도 사가네 씨가 만든 것이다. 시내·외로 정보를 전달하기 위해서는 이처럼 '철학 있는 디자이너'의 능력이 반드시 필요하다.

그는 대학 시절 공연 전단이나 티켓을 제작하면서 키운 디자인 실력으로 인쇄물 제작도 하고 있다. 매킨토시나 일러스트레이션 프로그램 등 다양한 소프트웨어는 사가네 씨가 타고난 재주를 세상을 위해 이처럼 활용할 수 있도록 도와주는 훌륭한 도구다. 그런 도구를 자유롭게 쓸 수 있는 이 시대에 태어난 것을 그는 감사하게 생각한다.

머릿속에서 들리는 소리를 악보에 받아 적는다. 하얀 종이를 보면 연필을 들고 그림을 그려 나간다. 사가네 씨에게는 이렇게 무언가 형상화하는 것이야말로 자신을 치유하는 최고의 방법이다.

사람은 왜 표현을 할까? 사가네 씨를 만나고 생각했다. 각자가 자신의 타고난 재주를 세상을 위해 활용하고 서로의 미션을 표출하는 사회(표현 사회)가 언젠가는 꼭 실현될 것이라고.

그것과 더불어 "40대 이후에 인생을 역산하여 생각하게 되었다"라는 그의 말이 아직도 종종 떠오른다.

느긋한 시간 갖기
– 마음이 넉넉해지는 삶의 방식

등불을 만드는 예술가 오이시 아케미 씨는 새로운 세기가 시작될 무렵 아야베로 왔다. 오이시 씨는 어느새 자신도 모르게 등불을 만들기 시작했다고 한다. 그의 등불은 화지, 양모로 만든 펠트, 덩굴과 나무껍질, 곡식 이삭이나 유목(流木) 등 친근한 소재로 이루어진다.

오이시 씨는 스무 살 때 유학생 친구의 집에 놀러 갔다가 전혀 다른 분위기의 조명을 보고 충격을 받았다. 일본에서 흔히 보는 휘황찬란한 직접 조명에 비해 친구 집의 간접 조명은 무척 어두침침한 느낌이었다. 그러나 묘하게 차분해서 마음을 편안하게 만드는 매력이 있었다. 어째서 일본의 조명은 그렇게나 밝을까? 그런 생각을 하던 중에

밤에 도쇼다이지라는 절을 방문할 기회가 생겼다. 보름달 밑 참배로의 양쪽에는 싸리 꽃을 넣은 수많은 사방등*이 걸려 있었는데, 그 환상적인 빛과 그림자에 반하고 말았다.

20세기까지는 태양의 시대였다. 우리 현대인은 어둠을 싫어하여 구석구석 인공적으로 빛을 밝히기 위해 애썼다. 오이시 씨의 말에 의하면 조명이란 태양과 암흑을 이어 주는 도구, 행복의 신을 부르는 신령한 도구였는지도 모른다.

오이시 씨는 수업 중에 미술 선생님이 "자고 먹는 것을 잊을 만큼 그림을 좋아하는 사람이 있습니까?"라고 묻자 혼자서 손을 들 만큼, 어릴 때부터 그림과 만화 그리기를 무척 좋아했다. 고등학생 때는 시를 쓰려고 아침 일찍 학교에 갔을 정도로 글쓰기도 좋아했다. 그래서 등불을 만들기 전에는 카피라이터로 활약하기도 했다.

오이시 씨는 텍스타일 스쿨을 거쳐 세계적인 디자이너 세키시마 히사코 씨, 혼마 가즈에 씨에게서 바스켓트리(basketry, 바구니 등의 편직 기법)를 배워 1992년부터 자연 소재로 등불을 제작하기 시작했다.

그래서 몇 년 전까지만 해도 전국 각지에서 그룹전을 열고 공예·수예 갤러리를 기획·운영하면서 개인전을 개최하느라 바쁜 나날을 보냈다. 하지만 지금은 주변의 경치를 즐기며 여유롭게 살기 위해 생활 양식을 바꾸는 중이라고 한다.

오이시 씨는 평소에는 깊은 산 속의 작은 밭을 일구거나 덩굴을 캐

---

* 원형 또는 사각형의 나무나 대틀에 종이를 바르고 안에 기름접시를 놓아 불을 밝히는 등불.

고, 친구가 사는 해변에서 유목을 줍는다. 그와 동시에, 만족스러운 삶 속에서 자신의 마음과 이야기를 나누며 '지구의 선물'을 가지고 '빛의 우주'를 찾아 나가고 있다. 이 '지구의 선물'들은 오이시 씨라는 공동 창작자를 만나 세상에 하나뿐인 등불로 다시 태어난다.

그런가 하면 아야베에는 멋진 요리 연구가도 살고 있다.

와카스기 도모코 씨와 노리카 씨 모녀는 1997년 10월, 아야베로 이주했다. 두 사람은 그 세계에서는 알 만한 사람은 다 아는 자연식 채소 요리 연구가다. 도모코 씨는 저 유명한 마크로비오틱*의 대가 사쿠라자와 유키카즈의 철학을 이어받았다.

두 사람은 고기와 생선, 우유, 달걀, 설탕 등을 쓰지 않는 식생활로 조상들의 철학인 신토불이(身土不二), 자급자족을 구현하고 있다. 신토불이란 쉽게 말해, 음식과 인간의 몸에는 그것이 생겨나고 자란 지역의 공기, 기후, 환경, 풍토가 스며들어 있으므로 그 요소들이 일치할수록 몸에 좋다는 식생활 철학이다.

노리카 씨는 『모에』**라는 기관지를 발행하며 전국의 회원들에게 자연 속의 생활과 식생활, 21세기의 삶에 대한 메시지를 전달해 왔다. 나도 예전부터 회원이었고 교토 시내에 살 때 우연히 만난 적이 있지만, 아야베로 이주한 것은 정말 뜻밖이었다. 이들은 농사 체험 등 계

---

* Macrobiotics. 동양의 자연 사상과 음양 원리에 뿌리를 두고 있는 식생활법. '매크로바이오틱' 이라고도 읽는다. 그리스어로 '커다란' 또는 '오랜'이라는 뜻의 매크로(macro)와 '생명의'라는 뜻의 바이오틱(biotic)이 조합된 말. 장수식 또는 자연식 식이요법이라는 의미로도 쓰이지만 서구인들에게는 '동양적 식사법'을 지칭하는 말로 인식되어 있다.
** '움', '싹'이라는 뜻.

절 행사를 개최하기 때문에 많은 팬이 두 사람이 사는 옥상 정원을 자주 찾아온다. 이 모녀는 자연식 세계에서도 선구자인 셈이다.

두 사람은 2000년 11월, 아야베에서 개최된 교토 부 지역 활력 창출 심포지엄에서도 먼 데서 온 손님들에게 확실한 성찬을 대접해 주었다. 소재와 조미료를 음미할수록 몸이 기뻐하는 온고창신(溫故創新)*의 맛있는 음식이었다.

메뉴는 채소 찰밥, 조밥, 맑은 장국, 우엉 조림, 참깨 두부, 비지 찜, 밀기울 튀김, 비지 경단 튀김, 천연 산파 초된장 무침, 생강 조림, 염교 절임, 감자 범벅 튀김, 생 야쓰하시**의 13가지로 구성되었다.

한편 와카스기 씨는 솜을 몇 가지 섞어 실을 직접 짜서 옷을 만들고 싶다고 한다. 기분 좋은 생활을 위해 옷의 자급에까지 도전하며 한 걸음 더 나아가려는 것이다.

한 달에 한 번 열리는 와카스기 씨의 요리 교실은 큰 호평을 받고 있다. 아야베의 힘은 이렇게 커져 간다.

맛있고 안전한 쌀의 생산, 그것이 평생의 일

아야베 시 시가사토 마을의 시카타 히데키 씨는 21세기의 삶의 방식,

---

* 옛것을 연구해서 새 지식이나 견해를 찾아낸다는 뜻인 온고지신(溫故知新)의 지(知)를 '창(創)' 으로 바꾸어 창조적인 측면을 강조한 말.
** 밀가루에 설탕과 계피를 섞어 직사각형으로 단단하게 구운 교토의 특산품 과자.

생활 양식을 모색하는 사람을 소개하는 TV 아사히의 인기 프로그램 「인생의 낙원」에 두 번이나 출연한 대단한 사람이다. 사실 '시카타'는 아야베에서 가장 흔한 성이다. 시카타 히데키 씨도 아야베 태생이지만 고등학교를 졸업한 후 진학과 동시에 마을을 떠나 22세부터 45세까지 교토, 오사카, 시코쿠, 도쿄로 전근을 다니며 살았다. 청바지 회사의 영업사원으로서 한평생 패션업 발전에 공헌한 그는 27년 만에 드디어 아야베로 유턴했다.

그는 23년간 근무한 청바지 회사를 은퇴한 후 가족(아내, 장남, 차남, 장녀)을 모두 데리고 아야베 시의 시골 마을 시가사토로 이주하여, 안전하고 맛있는 쌀 생산과 직매를 지향하는 전업 농사꾼으로서의 새로운 삶을 시작했다.

건강에 좋은 안전하고 맛있는 쌀을 생산하는 것을 평생의 일로 삼고 싶다는 생각은 예전부터 있었다.

"45세를 즈음해서 정년 없는 직업 농사꾼으로의 이직을 결심했습니다. 사실 생명을 지키는 쌀을 길러 내서 직접 판매하고 싶다는 마음은 컸지만 저는 지금껏 농사와는 전혀 인연이 없었습니다. 제 부모님은 신발 소매업, 처가 어른들은 술·달걀 소매업을 하셨기 때문에 모두 농업에는 전혀 문외한이었습니다. 하겠다고 다짐을 하기는 했지만 대단히 힘든 결정을 한 셈이죠."

하루 빨리 농민으로 독립하고 싶었던 그는 취농 첫해에 살충제·화학 비료를 전혀 쓰지 않는 농업을 30여 년간 지속해 온 이노우에 요시오 씨에게 농사를 배우게 되었다. 강하면서도 부드러운 카리스마의 소유자인 이노우에 씨는 매일 시카타 씨를 호되게 질책했다. "그런 식으로 한나절을 놀 겁니까!", "효율적으로! 빨리! 기계를 놀리지 말아요!", "농사를 우습게 보면 안 됩니다"라고 말이다. 마라톤 코스를 매번 완주했을 정도로 체력에 관해서는 얼마간 자신이 있었지만 그마저 얼마 가지 못하고 바닥난 후, 심신이 매우 힘든 나날을 보내야 했다.

"예초기 진동에 시달리는 데다 괭이를 오래 잡고 있었던 탓에 양손에 관절염이 생겼어요. 손가락은 온통 물집인 데다 아침에 일어나면 저려서 움직일 수가 없었고 몸은 마디마디가 아팠어요. 대형 특수 트랙터, 날이 30센티미터나 되는 대형 예초기, 여섯 줄짜리 승용 이앙기, 탱크처럼 생긴 다섯 줄짜리 콤바인에 휘둘리다 보면 어질어질하기도 하고요. 매일 그러면서 새벽 6시부터 해가 완전히 질 때까지 일했어요. 마음속에는 인류와 지구를 구하는 농사꾼이 되었다는 자부심이 있었지만, 현실은 매일 논에서 뻘뻘 기어 다니는 나날이었죠."

이렇게 시카타 씨는 분투했던 나날을 돌아본다. 그 사이에 체중이 약 6킬로그램이나 줄었다.

의기투합할 때 최대의 힘이
- 초보의 쌀농사

시가사토 마을은 JR 아야베 역에서 13킬로미터나 떨어져 있고 밤낮의 기온차도 커서 쌀농사에 무척 적합한 곳이다. 또 초여름이면 집 근처와 강 주변에 반딧불이가 수없이 날아다니는, 자연 환경이 잘 보존된 곳이다. 고령화 비율은 높지만 주목을 끄는 재미있는 마을로, 다랑논을 활용한 연꽃 농원도 있고, 크리스마스에는 전구 장식을 한 트랙터가 마을 아이들에게 꿈을 나눠 주기도 한다.

맛있고 안전한 쌀은 깨끗한 물과 깨끗한 공기, 풍부한 햇빛, 유기 비료를 뿌린 기름진 흙, 농약 및 화학 비료에 의존하지 않는 농법, 그리고 농민의 의지로 생산된다는 것이 시카타 씨의 믿음이다.

그는 살충제, 살균제, 호르몬제, 화학 비료를 전혀 쓰지 않으면서 감칠맛을 내기 위해 가다랑어 분말 및 배합 원액, 미당(米糖), 유기 비료를 쓴다. 그의 고시히카리 쌀은 이처럼 방대한 노력과 시간의 결과로 만들어진다. 모내기 때는 물론 가족 다섯 명 전원이 함께 나선다.

왜 일반 농가가 농약(제초제, 살충제)과 화학 비료를 쓰게 되는지 새삼 말하자면, 쉽고 효율적으로 쌀 수확량을 늘릴 수 있기 때문이다. 또한 구부러진 오이나 가지보다 곧은 오이나 가지처럼 외견이 매끈한 상품을 선호하는 경향이 있어서이기도 하다. 소비자가 안전과 맛을 조금 더 중시한다면 농약과 화학 비료를 쓰지 않는 농가가 더 힘을 얻게 될 것이다.

물론 안전한 쌀을 길러 내려면 아는 사람만 아는 엄청난 노력이 필요하다.

만능 스포츠맨이었던 시카타 히데키 씨는 뜻밖의 병을 만나 현재 필사적으로 재활에 매달리고 있다. 대신 당시 20대 후반이었던 장남이 쌀농사를 맡고 있다. 스승인 이노우에 요시오 씨의 열혈 지도는 지금도 계속되고 있다. 지역 주민들도 그의 빠른 완쾌를 기원하고 있다.

지(志)+농공상(農工商)
- 창 작 자 의 삶 의 방 식

생활이 창작을
유도한다

아야베에는 다양한 X를 가진 사람들이 모여 있다. 그림 그리는 사람, 도자기 만드는 사람, 동양의학 중에서도 정체요법(整體療法)*을 하는 사람, 간병인 등. 이들의 삶을 접하면서 내 반농반X의 철학은 더욱 단순해져 갔다.

창작자, 공예가는 단순히 전원생활을 원해서가 아니라 일의 특성상 넓은 작업 공간과 소음이 신경 쓰이지 않을 곳이 필요해서 전원으

* 지압이나 안마 등으로 척추를 바르게 하거나 몸의 상태를 개선하는 요법.

로 오는 경우가 적지 않다. 그러나 그들도 자연 속에서 살다 보면 작품 분위기나 마음 상태가 달라진다. 내 눈에는 그들도 반농반X의 삶을 멋지게 누리는 것으로 보인다.

고마자와 도시키 씨는 자신의 저서 『마을을 떠나 숲 속으로』*에서 야쿠시마의 호시카와 준 씨를 방문했던 감상을 다음과 같이 서술했다. "그의 번역서는 자연 속에서 태어난 부산물이며, 그의 제1목적은 결코 창작 활동이 아니다. 즉 책을 쓰기 위해 자연에서 사는 것이 아니라 생활 그 자체가 창작을 유도하는 것이다. 농업도 자연과의 대화수단일 뿐 수입을 위한 것은 아니다."

아야베와 그 인근 지역에서 창작 활동을 하는 사람들이 창작, 농업, 생활 수입의 관계를 어떻게 파악하고 균형을 잡는지가 궁금했다. 그래서 기타를 만드는 고사카 다케시 씨에게 물어보았다. 40대인 그는 1991년에 아야베로 왔으며, 1997년에는 이웃의 와치 마을(현 후나이군 교탄바 마을)로 이주하여 '고사카 현악기 공방'을 꾸리고 오래된 건물에서 나온 목재로 만든 오리지널 디자인의 기타 및 새로운 장르의 악기를 제작하고 있다. 인터넷으로도 악기를 판매하므로 그의 시장은 전 세계를 망라한다고 볼 수 있다. 그는 이런 열린 방식으로 세계에 자신의 메시지를 전한다.

고사카 씨는 농업과 본업의 관계를 '사농공상'에 비유한다. 사(士) 밑에 마음 심(心)자를 붙여 뜻 지(志)로 만들면 자신의 삶이 대략적으

---

* 『街を離れて森のなかへ』, 고마자와 도시키 저, 신조샤, 1996

로 표현된다는 것이다.

　"일단 제 삶에는 '뜻[志]'이 있고 '농사[農]'가 있습니다. 그리고 기타를 만드는 일은 '공(工)', 그것을 알리고 파는 일은 '상(商)'입니다. 물론 삶의 중심은 꿈 또는 뜻이고 그 주변에 농사와 가족과의 생활, '공'에 해당하는 작품이 있지요. 그것이 '상'에 의해 팔려서 누군가의 마음을 감동시키는 악기가 되면 좋겠습니다."

　그는 기타를 만들다가 일이 잘 풀리지 않으면 논밭에 나가 풀잎과 솔방울 등을 들여다본다고 한다. 자연의 조형물이 악기의 형태에 영향을 미치는 모양이다. 물론 자연계는 디자인의 보고이기도 하다. 세계에 단 하나뿐인 작품이 오늘도 그의 손에서 만들어지고 있다.

열린 마음이 행복을 끌어당긴다

반농반X를 추구하는 사람은 자신의 생활과 인생을 만끽하며 살아간다.

　이주자들을 보면 평소에는 단순한 생활을 하기 때문에 돈이 별로 들지 않지만, 그러면서도 맛있는 와인을 마시고 좋은 음악을 듣고 자연 속에서 자신과의 대화를 통해 무언가를 만들어 낸다. 그들에게 특히 두드러지는 점은 집에서 파티와 미니 콘서트를 자주 연다는 것이다. 이들은 하나같이 요리에도 일가견이 있어 인생을 정말로 즐기고 있는 것처럼 보인다.

이주자들 가계의 식료품비 비중은 높은 편이다. 간장이나 소금은 물론이고, 모든 식재료에 안전성과 맛을 따져서 돈을 아낌없이 쓰기 때문이다. 이들은 대개 외식을 하기보다 집에서 양초를 켜 놓고 식사를 즐기는 것을 좋아한다. 또 친구들을 자주 초대하는데, 친구들이 다양한 아이디어를 내는 덕분에 홈 파티가 공동 창작의 장이 되기도 한다. 각자 먹을 것을 가져오는 파티도 재미있다. 참가자들은 각자 자신 있는 창작 요리를 정성껏 만들어 온다.

이주자들이 일으킨 새로운 바람 덕분에 아야베도 조금씩 달라지기 시작했다.

자기 탐색을 위해 전원생활을 시작한 이주자도 더러 있지만, 마음을 열고 남과 관계를 맺는다는 점에서는 모두가 똑같다. 모두 관계성의 회복, 관계성의 재구축을 지향한다고 해야 할 듯하다. 슬로 라이프를 두고 '유대를 회복하는 삶'이라고 말하는데, 아야베에서는 정말로 모두가 조금씩 이어지고 있다. 지금은 그런 시대인 것이다.

모두 무언가를 찾는 중이다. 숨은 원석, 자신만의 보물을 찾으려면 그루터기 역할을 할 지역에도 다양성이 갖춰져야 한다. 사회와의 관계가 있어야 비로소 개인의 미션도 찾을 수 있다.

어떻게 살까?
퇴직 후
제2의 인생

**새로운 삶에 도전하는
제2의 인생**

도시에 살던 사람이 전원으로 이주하는 현상은 오늘내일의 일이 아니다. 그런데 아이들이 있는 가정에서는 전원으로 이사할 경우에 교육을 포함한 아이의 장래 문제를 걱정할 수밖에 없다. 나 역시 취학 전인 딸의 미래를 고민했다. 그것은 곧 기존의 가치관과 이별하는 과정이다. 아이가 대입 준비를 이미 시작했다면 시험이 끝나기를 기다려 반농반X에 도전하거나 은퇴 후를 기약하는 편이 나을지도 모른다. 그러나 지구 온난화가 과연 우리를 기다려 줄까? 결국 중요한 것은 우리의 선택이다.

반농반X를 실천하려면 자신의 재능, 개성, 특기를 사회적으로 활용하면서 수입을 얻을 수 있는지를 따져 보아야 한다. 그 문제만 해결되면 아무리 어려운 시대라 해도 하고 싶은 일을 찾아 행복하게 살 수 있다.

그 시작은 '좋아하는 일을 하겠다'는 결심 외에는 없다. 그리고 좋아하는 일에 도전하는 실천력이야말로 최고의 전략일 것이다.

월급 생활자가 정년퇴직을 하면 2~3개월이 지나기 전에 공허감, 소외감이 엄습한다고 한다. 그쯤 되면 일 관계로 알던 사람들도 소식이 끊어지니, 예전의 삶이 아주 먼 과거가 되었음을 깨닫는 것이다. 바야흐로 괴로운 나날의 시작이다. 회사의 명함은 이제 쓸모가 없다. 심지어 아무 준비도 없는 사람에게는 제2의 인생은 시작부터 힘들다.

타성으로 살 것인가, 아니면 X를 찾아 내 자신을 표출하며 살 것인가. 은퇴자의 대부분은 남에게 도움이 되는 삶을 살고 싶어한다. 과거에 대한 우울한 상념을 끊어 낼 목적으로 새로운 세계인 전원생활에 도전하려는 사람도 많다. 실제로 전원생활을 시작한 은퇴자의 말을 들어 보았더니 매일 새로운 것을 발견하는 덕분에 활력을 되찾게 되었다고 한다. 물론 처음부터 끝까지 새롭다 보니 나름대로 힘들기도 하지만, 오히려 그것을 극복하려는 적극적인 마음이 의욕을 낳는다는 것이다.

전통, 문화, 생활의 지혜를 계승한다
- 퇴직 후 X를 표현하는 법

아야베 주민들 중에도 충실히 제2의 인생을 시작하려는 사람이 늘어나고 있다. 지금은 어디를 가든지 보람을 창출해야 하는 시대다.

2000년 6월, 아야베 시에서 고령화 비율이 가장 높은 오쿠칸바야시 지역 노인들의 부담 없는 교류를 위해 '자원봉사회 미즈메'가 설립되었다. 명칭인 '미즈메'는 지역에 있는 큰 자작나무의 이름에서 따왔다. 이 나무는 농림수산성의 임야청(林野庁)이 '숲의 거인들 백선(百選)' 중 하나로 뽑은 거목으로, 수령은 400년 정도로 추정된다.

이 봉사회는 한 달에 두 번씩 '고령자 살롱 미즈메'를 개최한다. 이용자 응대와 식사 준비 등은 지원부서 직원들이 교대로 담당한다.

봉사회의 대표는 74세의 노노가키 미에코 씨다. 관공서 등에 오래 근무했던 그녀는 내 펜팔 친구이기도 하다. 그녀는 '노인에게 의지가 되는 살롱을 만들고 싶다'며 운영에 정성을 다하고 있다.

2003년 3월에는 그곳에서 멋진 행사가 개최된다는 말을 듣고 참가했다. 노인 참가자와 직원들이 자신의 집안에 전해 내려오는 요리를 만들어 와서 다 함께 나눠 먹는 행사였다. 40가지가 넘는 성찬이 방안에 차려졌다. 소금에 절인 호장근(虎杖根) 등 보존 식품과 향토 식품 외에 처음 보는 요리도 많았다. 내가 사는 지역과는 문화가 조금 달랐던 모양이다. 이렇게 농기구도 음식도 물도 모두 달라지는 다양성의 우주가 여기에 있다..

한편, 시가지에서 떨어져 있어 세속화되지 않은 덕분인지 이 마을에는 전통이 잘 유지되고 있었다. 그래서 전통식에 관심이 많은 아내와 동행하고 싶었지만 유치원 행사와 겹치는 바람에 그러지 못했다. 나는 그 자리에서 '이런 향토 음식에는 젊은 세대도 관심이 있으니 이 요리를 반드시 널리 알렸으면 좋겠습니다. 그때까지 열심히!'라는 격려와 인사의 말을 남겼다.

이런 기획 행사에는 많은 가능성이 숨어 있다. 이것 말고도 음식 문화제, 식육(食育) 마을 만들기 등 여러 행사의 성공 소식을 들었다. 미야자키 마을 체육관에서 열린 음식 문화제에는 약 1,000가지 요리가 출품되었으며, 하루에만 약 1만 명의 방문객이 찾아왔다고 한다.

음식 문화제를 성공시킨 민속 연구가 유키 씨는 『증간 현대농업』 2002년 11월호 "슬로푸드의 일본!-지산지소와 음식의 지역학"*에서 식육마을 만들기 행사를 치룬 기타카미 마을의 슬로푸드 문화를 다음과 같이 소개했다.

"미야기 현 기타카미 마을. 바다와 강이 만나는 인구 4,000명의 하구 마을에 또 하나의 슬로푸드가 있다. (중략) '아무것도 없는 마을'로 불리는 기타카미 마을의 여성 13명에게 설문 조사를 했다. '일 년간 집에서 생산한 식재료에는 어떤 것이 있습니까?', '언제쯤 씨를 뿌리고 언제쯤 수확합니까?', '그리고 그런 식재료를 어떻게 조리해서 가공하고 보존합니까?' 이 성가신 질문에 지역 여성들은 모두 친절하게 답해 주었다. 그 종류는 무려 300여 개. 내역을 보면 집에 딸린 텃밭

* "スローフードな日本―地産地消・食の地元学."

에서 기르는 채소와 곡류가 90종, 마을 산에서 캔 산나물 등이 40종, 버섯이 30종, 과실과 나무 열매가 30종, 바다에서 나는 어패류와 해조류가 약 100종, 그리고 마을 바로 앞의 기타카미 강에서 잡히는 장어, 재첩 등 담수어와 패류가 20여 종이었다. 천연기념물인 검독수리가 춤추는 하늘, 누런 벼이삭이 익어 가는 논. 그곳은 미지의 식재로 가득한 보물 창고였다. 바다, 강, 논, 밭 등 식재를 키워 내는 자연 요소가 이렇게나 풍부한 지역은 드물 텐데도 사람들은 이 마을을 '아무것도 없는 마을'이라고 부른다. 아마 편의점이나 패밀리 레스토랑, 상업 시설 같은 것이 없기 때문일 것이다."

현대의 세대 간 소통은 이미 단절된 상태다. 이는 사회 병리현상 중 하나다.

그러나 인간 발달의 역사는 한 세대에서 다음 세대로 삶의 지혜를 전하는 데에서 비롯된다. 전통, 문화, 지혜의 계승은 노인들의 더할 나위 없는 X 중 하나일 것이다. 이주한 은퇴자의 경우 오히려 그 전통을 신선하게 느끼기 때문에 자신이 얻은 지식과 기술을 새로운 땅의 젊은 세대에게 전할 수 있을 것이다. 즉 문화 소통자로서의 X를 발견하고 실천하는 것도 제2의 인생을 구축하는 하나의 방법이 될지 모른다. X의 힌트는 알고 보면 여기저기 흩어져 있다.

'나이 먹고 싶은 방식'도
하나의 X다

2000년 9월, 도쿄 성누가 국제병원 원장 히노하라 시게아키 씨는 92세의 나이로 신노인회(新老人會)를 창설했다. 75세 이상의 심신 건강한 고령자를 '신노인'으로 정의하고 그 지혜와 경험을 결집시켜 사회에 환원하기 위한 단체다. 여기서는 85세 이상에게 진노인(眞老人)이라는 경칭을 부여한다. 구호는 '사랑하고 사랑받기, 시작하기, 견디기'다.

신노인회의 주목적은 좋은 문화·관습의 전승, 전쟁 체험 계승, 건강 정보 제공, 회원 상호 교류 촉진, 교양 있는 생활 습관에 의한 바람직한 삶의 방식 보급 등이다. 그 외에 젊은 세대와의 교류에도 힘쓰고 있다.

인간이 진취적으로 살아가려면 모델이 필요한데, 지금은 그런 모델이 별로 없다. 히노하라 씨는 신노인회의 회원들이 젊은 사람들에게 살고 싶은 삶을 보여 주는 모델이 되어 주기를 희망한다. 긴 인생을 살면서 터득한 지혜와 경험을 자녀와 손자 세대에게 전하고 환원하자는 것이다. 분명 내가 어릴 때는 본으로 삼고 싶은 매력적인 어른들이 많았다. 그러나 요즘 아이들은 어른들을 모방하려 하지 않는다. 히노하라 씨는 그 원인을 교육에서 찾는다.

'이것도 안 돼, 저것도 안 돼'라고 가르치는 금지형 교육을 하다 보면 아이의 마음이 멀어지는 것이 당연하며, 학교 교육도 마찬가지라는 것이다. 그래서 Don't의 금지형 교육에서 Let's do의 제안형 교육으로 변경할 것을 주장하는데, 그러면 아이들이 삶의 보람과 생명의 소중함을 배울 수 있게 된다고 한다.

노인 및 은퇴자의 지혜와 경험은 그런 교육에 큰 도움을 줄 수 있다. 노인들 본인도 새로운 일에 과감하게 도전했으면 한다. 지금 '시작'해야 할 것이 아주 많다. 세계 곳곳 역시 시작과 창조의 기회가 넘치고 있다.

공동체 사업과
농촌 생활의
융합

반농반간병은
고령사회에 필요한 바람직한 모델

촌장의 주도하에 1,300명 조금 넘는 촌민 중 무려 131명이 간병인으로 활동하고 있는 곳이 있다. 에히메 현 가미우케나 군 야나다니 촌(현 가미우케나 군 구마코겐 마을)이다.

131명은 촌이 단독 사업으로 4년 만에 양성한 인력이다. 촌의 고령화 문제를 스스로 해결하려는 의지가 느껴지는 대목이다. 이는 촌장이 촌민에게 반농반X적인 삶을 추천한 성과라 할 수 있다. 농촌의 고령화에는 이미 가속이 붙었다. 그러나 50대, 60대가 윗세대를 간병하는 사회가 일단 정착된다면 이번 세대만이 아니라 젊은 세대들도 그 문화를 계승할 가능성이 높다.

재정난에 허덕이는 지자체에게 의료비, 간병비는 절실한 문제다. 그러나 민간 간병인을 고용하지 않아도 된다면 그 비용을 지역 정책에 할애할 수 있다. 간병은 사명감이 따르는 일이며, 사명감은 사람들에게 활력을 준다. 따라서 의료비도 자연스럽게 감소할 것이다. 자립·자존의 고령사회는 단지 꿈이 아니다.

아야베 시의 NPO법인 '아야베 복지 프론티어'에서는 고령자 이송 서비스를 실시하고 있다. 이용료는 병원, 시설을 왕복하는 경우에 한 해 첫 5킬로미터는 300엔, 그 후 5킬로미터씩 늘어날 때마다 100엔씩 부과된다. 회원제로 운영되는데, 1,000명가량의 회원은 대부분 자식을 독립시킨 노부부, 신체가 자유롭지 않은 사람들이다. 월 이용자 수는 평균 3,000명 전후다.

100명쯤 되는 운전자는 모두 자원봉사 회원으로, 자신의 자동차도 제공하고 있다. 그중 70명가량의 남성 회원은 대부분 은퇴자다. 이들은 퇴직 후에도 사회에 도움이 되고 싶다는 마음으로 사명감을 갖고 활동한다고 한다.

여성 운전자 중에는 주부가 많다. 이들 봉사자는 행복한 반농반X의 삶을 누리고 있다.

더 많은 사람이 이 사업에 참여하면 좋겠다. 가장 이상적인 형태는 운전을 좋아하는 사람이 고령자 이송 봉사를 하는 것이다. 좋아하는 일을 하면서 남에게 도움을 준다면 정말 행복할 것이다.

앞으로는 이처럼 공동체 사업과 농업적 생활이 융합되지 않을까 싶다. 반농반X의 바람직한 반X 중 하나는 점점 피폐해지는 지방의 공동체 사업이 될 것이라고 예측해 본다.

농사 체험을 통한 자녀 교육

나는 논에 맨발로 들어가는 것을 좋아하는데, 이 같은 농사 경험은 감성을 단련시킨다. 감성이 단련되면 그만큼 씩씩하게 살 가능성도 높아지지 않을까? 일주일만 산에 틀어박혀 살면 야생의 감각이 살아난다는 말을 들은 적이 있다. 자연에 대한 감성, 공포심, 경외심, 신비함에 대한 감각이 예민해지는 것이다. 그것은 삶에 대한 감각이자 만물에 대한 감각이다. 또 정말로 중요한 것을 알아채는 감각이다. 우리 인간에게는 자연에 대한 감각과 정말로 무엇이 중요한지 아는 감각이 필요하다. 농촌 생활은 그것을 회복시켜 줄 것이다.

그래서 센스 오브 원더, 사명 다양성, 장래 세대, 작은 생활, 나눠 주기 등이 중요하다. 베푸는 사람이 더 행복한 사회여야 한다. 미국 원주민의 어떤 부족은 'Give Away'라는 생활 철학에 따라 자신의 소유물과 고인의 유품을 많은 사람에게 선물하는 습관이 있다.

어느 날 아이를 유치원에 보내는 길에 모르는 할머니에게 인사를 했더니 할머니가 "인사해 줘서 고맙다"며 맥주를 집에 가져다준 적이 있다. 인사는 곧 배려다. 또 불교의 한 스승이 가르치기를, '겸손은 먼 미래에 대한 배려'라고 했다.

반농반X를 표현할 수단과 직업적 기술이 있다는 것은 커다란 강점이다.

기타를 만드는 고사카 다케시 씨의 아내 이쿠요 씨는 보육사 자격증이 있다. 그리고 아야베에는 정서장애아, 자폐아를 위한 심리 요법 센터 '룸비니 학원'이 있다. 이곳의 목표는 농업 등 자연 체험을 통해 아이들의 마음을 치유하여 사회에 복귀시키는 것이다. 이쿠요 씨는 룸비니 학원에 40대의 보육사가 필요하다는 말을 듣고 지원하여 일하게 되었다.

그녀는 피아노와 아코디언을 연주한다. 또 고사카 씨 부부는 바이올린을 연주하는 동료들과 함께 각지에서 연주회를 열었던 경험이 있다. 이처럼 예술가들은 대체로 평화를 사랑하므로 음악을 통해 사람을 치유하는 활동에 참여하는 경우가 많다.

아야베에는 룸비니 학원 외에도 전국적으로 유명한 청각 장애인 시설이 있다. 그곳에서도 아이들은 농사를 짓기도 하고 부정을 막기 위해 문이나 길 어귀에 매어놓는 금줄을 만들기도 한다.

룸비니 학원에서는 농업, 숯 만들기, 임업, 빵 굽기를 가르칠 예정이다. 향후에는 다 함께 무농약 쌀을 재배하여 판매할 계획을 세우고 있다.

김을 맬 때마다 생각한다. '논에 사는 많은 생명은 사람을 가르치고 마음을 치유하는 등 무척 다양한 힘을 발휘한다'라고.

새롭게 들여오기보다 이미 있는 것을
이끌어내는 지역 활성화

"'마을 일으키기'라고들 하지만 일으키지 않는 '마을 일으키기'를 하고 싶습니다."

논밭을 갈아서 일으키지 않는 자연 농업을 하는 사람에게서 이 말을 듣고 그 재치에 감탄했다.

자연 농업은 자연의 생태계를 최대한으로 유지하는 농업이다. 땅을 갈지도, 농약·비료를 쓰지도, 풀과 벌레를 적대시하지도 않는다. 이는 기계조차 쓰지 않는, 영원히 지속가능한 방식이다. 논밭을 갈면 땅은 본연의 힘을 잃어버린다. 논밭에서 이루어지는 생명의 순환이 흙에 영양분을 제공하기 때문이다. 풀은 마르고 벌레는 죽어서 흙으로 돌아가게 마련이다. 그런 자연의 순환 속에 인간의 노동이 끼어들어 인간과 자연 환경의 공생을 꾀하는 것이 바로 자연 농업이다. 즉 논밭에 존재하는 자연의 생태계를 회복시키고 유지하면서 농작물을 생산한다. 자연 농업은 벌레와 풀조차 적으로 보지 않는다.

그러나 현대 농업에서는 수확량을 올리기 위해 논밭을 인공화한다. 그러면 자연 생태계가 파괴될 뿐 아니라 인간의 건강에도 좋을 리가 없다.

기존의 '마을 일으키기'에는 장단점이 각각 있었지만, 대체로 외부의 힘을 빌리게 되므로 인공적인 측면이 많았다. 그것은 진정한 '일으키기'가 아닐지도 모르겠다.

어떤 마을이든 틀림없이 그 마을 고유의 힘을 가진 땅이 있을 테니 그것에 착안하면 그 마을의 본래 힘을 끌어낼 수 있다. 즉 밖으로부터 유입하는 것이 아니라 몰랐던 것, 잠재적으로 있는 것을 재조명하여 X를 찾아내자는 것이다. 이것이 진정한 '일으키기'다. 인공적인 마을 일으키기로는 자칫하면 본연의 정체성을 잃어버리기 쉽다.

역시 지역학이 답이다. 앞으로는 있는 것 찾아내기를 통한 마을 정비가 마을 만들기의 큰 테마가 될 것이다. 사실 그런 생각은 지금도 확대되는 중이다. 이미 무언가를 갖고 있다는 전제하에, 외부에서 무언가를 새롭게 들여오기보다 이미 있는 것을 끌어내는 것이 중요하다는 생각이 확산되고 있는 것이다. 최근에는 이를 '마을 기르기'라고 부르기도 한다. 지역 활성화는 외부의 힘을 빌리는 '일으키기'로부터, 지역 내에서 그 원동력을 발견하는 '기르기'로 방향을 전환하고 있다. 거기에서 간병이나 교육 등 공동체 사업의 기회가 속속 생겨날 것이다.

NPO의 수효만큼이나 많은 사회 문제
– 사업 기회

전업 농민이라도 사회적 X를 충분히 실천할 수 있다. 예를 들어 몸에 장애가 있는 사람 또는 다른 일 때문에 농사를 지을 수 없는 사람을 위한 식량 만드는 일을 자신의 X로 삼은 사람이 있다. 바로 아야베의 30대 젊은 농사꾼 가와키타 다쿠야 씨다. 그는 지금 아야베산 야마다 니시키 쌀로 양조업자들과 함께 아야베의 특산품 일본주 '호노카'를 만들고 있다. 쇠퇴하는 아야베를 어떻게든 되살리고 싶어서 시작한 일이다. 가와키타 씨는 농업 관련 NPO인 '아야베 농업 친구회'의 이사장이자 사토야마네트 아야베의 이사이기도 하다.

전업 농민이 반드시 농업으로만 마음의 평안을 유지한다고는 생각하지 않는다. 왜냐하면 그들도 노인들을 위해, 또는 지역의 아이들을 위해 다양한 공익 활동을 하고 있기 때문이다. 사회적인 활동은 삶의 만족도를 올린다. 이런 정신적 만족감은 사람이 살아가는 데 있어 매우 중요하며, 사회 역시 이로써 희망 있는 미래를 기대할 수 있다.

현대에는 흉악범 증가, 도덕심 저하 등 사회에 부정적 영향을 끼치는 요소가 매우 많지만, 그 와중에도 X를 통해 사회를 긍정적인 방향으로 유도하려는 사람이 늘어난다면 사회는 결국 긍정적인 방향으로 움직일 것이다.

지금 NPO가 많아진 만큼 사회에 과제가 많다고 생각할 수 있다. 그런 가운데 사업 기회까지는 아닐지라도 자신을 필요로 하는 곳이 있다는 것을 알았으면 한다. NPO의 수만큼 미션이 있는 것이다. 사실 이는 훌륭한 일이다. 이제는 많은 기업들이 슬슬 사회적 미션을 생각할 때가 되었다.

NPO의 일은 단순한 자원봉사가 아니다. 젊은이와 여성의 창업을 권장하는 가타오카 마사루 씨는 이를 '비즈런티어'라고 부른다. 비즈니스와 볼런티어(volunteer, 자원봉사)의 합성어다.

바꾸어 말하자면 '일 일으키기'로, 자신의 특기와 사회의 접점을 찾아내서 새로운 일을 만들어 내는 것을 말한다. 자신의 장점을 발굴해 사회에 도움을 줄 방법을 찾아내고 사업화시킨다. 이런 시민 창업, 사회적 창업은 다가오는 시대의 새로운 창업 유형으로 손꼽히게 될 것이다.

그런 의미에서 자신을 인생의 경영자로 보는 관점이 필요하다. 나의 경우, 오랫동안 환경 문제를 고민한 결과 도달한 것이 '사람은 무엇으로 먹고사는가' 하는 문제였다. 되도록 지구에 피해를 끼치지 않는 방식으로 살면서 어떻게 돈을 벌 것인가? 이것은 전 인류의 과제이기도 하다. 그와 동시에 자신의 특기를 살려 새로운 가치를 창출해야 한다. 심금을 울릴 만한 일을 하다 보면 돈은 저절로 들어온다는 말이 있다. 농업에는 심금을 울리는 소재가 많이 있다. 그런 점에 착안하여 농업적 생활과 공동체 사업을 융합하면 되는데, 그 기본은 어디까지나 자신의 강점을 아는 일이어야 할 것이다.

행복을 만드는
새로운 지혜,
그것이 반농반X라는
삶의 방식

반농의
적정 규모는?

사람에게는 얼마만큼의 토지가 필요할까? 조금씩 황폐해지는 마을길을 걸으며 생각해 보았다.

톨스토이의 우화 『사람에겐 얼마만큼의 땅이 필요한가』를 읽고 나면 인간은 자기 분수 혹은 한도를 분별하고 만족을 알아야 한다는 큰 교훈을 얻게 된다. 그렇다면 반농인 우리는 얼마 정도의 논밭을 일구면 좋을까? 어느 정도가 반농에 적정한 규모일까?

러시아 시골의 가난한 소작농이 고생 끝에 땅을 조금 갖게 되었고 생활은 차츰 나아졌다. 그는 땅을 더 갖고 싶어서 조금씩 사들였다. 그러던 어느 날, 어떤 마을에 가면 엄청난 땅을 받을 수 있다는 이야기를 들었다. 그래서 하인을 데리고 일곱 날 일곱 밤에 걸쳐 그 마을로 갔다. 마을의 촌장은 "내일 해가 뜰 때부터 해가 질 때까지 당신이 밟는 땅을 전부 주겠다"라고 약속했다. 단, 해가 지기 전에 출발점으로 돌아와야 땅을 가질 수 있다는 조건이었다. 그는 횡재를 할 생각에 그날 밤에 한숨도 못 잤다. 이윽고 그는 날이 밝자마자 출발했다. 발길이 닿는 땅, 눈에 들어오는 땅을 전부 갖고 싶었다. 그러다 정신을 차려 보니 너무 먼 곳까지 와 있었다. 해는 서쪽으로 거의 기울어 있었다. 황급히 출발점을 향해 달리던 그는 거친 숨을 몰아쉬며 촌장 앞까지 가까스로 기어가 쓰러졌다. 그러나 촌장이 칭찬을 하려는 순간 그는 입에서 피를 토하며 죽고 말았다. 그 순간 해가 지평선 아래로 사라졌다. 하인은 땅을 파고 그를 묻었다. 그것이 정확히 그에게 필요한 만큼의 땅이었다.

결론은 필요한 것을 필요한 만큼만 생산하면 된다는 것이다. 풀을 스스로 벨 수 있는 정도(가족의 도움까지 포함하여)의 규모를 유지하면 자연스럽게 가족이 먹을 만큼의 쌀이 생산된다. 그것보다 크면 노동력이 모자라서 무리를 하게 되는데 그러면 X에 지장이 생긴다. 게다가 남이 먹을 것까지 생산하려면 현대 농업에 필수적인 기계와 농약에 의존할 수밖에 없다. 결국 반농과 작은 농업이라는 취지를 저버리게 되는 것이다.

전원생활을 한다고 해서 모두 전업 농민이 되어 생계를 해결할 수 있는 것은 아니다. 우선은 자기 수준에 맞는 농업을 지향하는 것이 바람직하다.

프리터는
시골을 주목하라!

전에는 좁다고 생각했을지 모르지만, 일본의 농가는 요즘 조상이 물려준 논밭이 너무 넓어서 골머리를 앓고 있다. 이전처럼 노동력이 많지 않은 데다 농촌 인구가 고령화하여 토지를 가진 것이 오히려 부담되는 것이다. 아마 일본 각지에 휴경지 또는 경작을 포기한 땅이 어마어마할 것이다(2014년 현재 일본의 휴경지 면적은 시가 현 면적과 같다고 한다).

『증간 현대농업』 2003년 2월호 '지역과 삶의 방식으로부터의 일본 재생'*의 편집 후기에 보면, "농가가 스스로 유지할 수 없는 휴경지라는 마이너스, 그리고 도시의 프리터** 및 은퇴자, 실업자 등의 마이너스를 곱하면 새로운 플러스의 농업적 삶이 탄생하지 않을까?"라는 대목이 있다.

프리터나 은퇴자가 모두 마이너스 요인이라고는 생각하지 않는다. 그러나 정규직이 되고 싶지만 그러지 못해 프리터가 된 사람, 계속 일

---

* '地域と生き方からのニッポン再生.'
** 자유(free)와 아르바이터(arbeiter)를 합성한 신조어로 일본에서 1987년에 처음 사용됐다. 15~34세의 남녀 중 아르바이트나 파트타임으로 생활을 유지하는 사람들을 가리키는 말이다.

하고 싶어도 일자리가 없는 은퇴자, 제2의 인생을 좀처럼 시작하지 못하는 은퇴 예정자들도 무척 많을 것이다. 이들 역시 사회 문제 중 하나다.

일본의 경우, 식량 자급률은 약 40퍼센트로 선진국 중에서는 두드러지게 낮다. 그러나 그 식량 생산을 담당하는 인구는 전체의 단 3퍼센트에 불과하다. 게다가 그들 세 명 중 한 명은 60세 이상이다.

지금 지산지소, 현산현소(縣産縣消), 국산국소(國産國消), 순산순소(旬産旬消)의 사상에 입각한 식재료, 조리법, 판매 방식, 판매 장소의 영역 구분에 관심이 쏠리고 있다. 순산순소는 그때 그곳에서 생산된 것을 먹는다는 뜻이다. 다른 말도 전부 지역에서 생산된 것을 지역 내에서 소비하는 것을 뜻한다. 이 원칙에 의하면 생활 양식으로서의 작은 농업도 음식 사업에 참여할 수 있다. 농업 규모가 작으면 지산지소와 순산순소, 크면 국산국소로 시장 영역이 구분된다.

기업 사회는 한정된 시장을 서로 나누어 가짐으로써 성립되지만 농업의 경우 경작지와 작물이 얼마든지 있으므로 생산 의욕만 있으면 순조롭게 확장할 수 있다.

또 기업 사회는 구조조정으로 대표되듯 사람의 교체가 어느 정도 가능한 곳이지만, 농업은 각자의 사상과 기술이 중요한 장인의 세계이므로 '온리 원'으로 살아갈 수 있다. 앞에서 파푸아뉴기니의 오로카이바족 이야기를 했다시피, 논밭에는 경작자의 됨됨이가 나타난다. 즉 주인이 바뀌면 모든 것이 바뀐다.

그런 의미에서, 나는 프리터와 은퇴자, 실업자들에게 'X를 갖고 시골로 가라'는 따뜻한 격려를 보내고 싶다.

예술가, 뮤지션, 배우를 지망하는 사람도 대환영이다. 도시에서 시간과 돈에 쫓기다 보면 미래를 준비할 시간이 모자랄 것이다. 시골에서 감성을 연마하면 의외로 재능이 만개할지도 모른다. 습작 등을 이웃에게 보여 주는 것도 좋은 경험이 될 것이다. 시골에 실험 아틀리에, 실험 극장이 생기면 모두들 즐거워진다. 자연을 무대로 한 예술은 새롭게 주목받을 수 있다.

반X로 꿈 자급률을 끌어올리자!

식량 자급률 못지않게 꿈 자급률도 낮은 것 같다. 그 비율이 높아지면 지금보다는 더 살기 좋은 나라가 되지 않을까? 무역 입국이 아닌 '꿈 입국'을 생각해야 할 때다.

아우슈비츠 강제 수용소의 체험을 그린 명작 『밤과 안개』의 저자 빅터 E. 프랭클(Viktor Emil Frankl)은 "사람들이 살아가는 의미를 잃어버린 것이 환경 문제나 다양한 사회 혼란보다 더 심각한 문제다"라고 말했다.

모르는 젊은이끼리 모여서 집단 자살을 하는 사건이 종종 생기는데, 그것만 보아도 오늘의 세계는 사는 보람도 없고 사는 의미도 모르는 사회가 된 것이 분명하다.

꿈을 꾸는 것은 생명력의 표출인데도 꿈이 없는 사람이 너무 많다.

"꿈을 이루지 못하면 어떻게 해? 그러면 슬프잖아. 그러니까 아예 없는 게 나아"라고 말하는 젊은이까지 있다.

왜 그렇게 되었을까? 그 원인을 어린 시절에서 찾을 수 있을지도 모르겠다. 아기는 한동안 부모와 한 몸으로 살아간다. 그 다음에는 아이들끼리 집단으로 노는 시기가 온다. 이는 부모, 타인과의 소통을 충분히 경험하는 시기이자 부모, 타인과의 관계를 인식하는 시기다. 그러나 현대의 아이들은 그런 경험을 할 기회가 상대적으로 적다. 밖에서 놀면 위험하다는 이유로 실내에서 혼자 TV를 보거나 게임을 하는 시간이 길어졌고, 타인과의 관계는 희박해졌다.

사는 의미를 잃어버린 근본 원인이 여기에 있지 않을까?

설사 밖에 나가 논다 해도, 콘크리트 울타리 안에는 시골에서 체험하는 듯한 만물과의 대화, 생명의 순환이 없다. 그러다 보면 기운이 쇠하고 감성이 둔해지게 마련이다. 보고 듣고 느낄 기회, 즉 오감으로 무언가를 충분히 받아들일 기회가 없으면 머릿속의 생각도 잘 순환되지 않는다.

뇌과학 분야에서는 생명력은 꿈을 꾸는 능력, 꿈을 실현하는 능력과 밀접한 관계가 있다고 말한다. 그래서 중요한 것이 감성, 기력, 유연성, 그리고 강력한 사고력인데, 이런 능력을 키우려면 뇌를 충분히 단련해야 한다. 뇌를 단련할 방법은 그리 많지 않지만, 그중 하나는 분명 인간을 포함한 다양한 존재와의 소통일 것이다. 이를 통해 정서와 감각을 길러야 한다.

그렇다면 반농반X야말로 꿈 자급률을 올리는 데 딱 알맞은 방법이 아닐까? 반농반X를 통해 자기 마음의 문제를 해결할 뿐만 아니라 남의 어려운 문제까지 동시에 해결할 수 있다.

반농반X는 『무상의 일』*에 나오듯이 '두 손 중 하나를 다른 이를 위해' 쓰는 삶이라고도 할 수 있다. 미래에 사람들은 그런 생각에 입각하여 반농반X라는 중요한 두 가지 일을 병행하게 될 것이다. 나는 믿는다.

나쓰메 소세키는 무려 100년쯤 전에 『나의 개인주의』에서 학생들에게, "아아, 여기에 내 나아갈 길이 있었구나! 드디어 만났다! 이런 감투사(원문 그대로. 감탄사)가 마음속에서 우러날 때, 여러분은 비로소 마음이 안정될 것이다"라고 했다.

지금 내 마음속에서도 감탄사가 저절로 터져 나온다.

반농반X라는 개념은 내가 2000년대를 항해하기 위해 만든 작은 뗏목이지만, 어쩌면 그 뗏목을 기다리는 사람이 어딘가에 있을지도 모른다. 그런 기분이 든다. 이제야 내 본격적인 인생이 시작되려는 순간이다.

---

* 『無償(ただ)の仕事』, 에이 로쿠스케 저, 고단샤, 2000

반농반X,
시대의 혼탁함 속에서
빛을 발하다

1995년부터 제창해 온 반농반X(X=천직). 내가 만들어 낸 단어 하나가 인생 전체를 크게 바꾸었다. 언어의 힘에 놀라고 인생의 신비함에 감탄한다.

지구 온난화 등 난제가 산적한 이 시대를 어떻게 살아가면 좋을까? 나는 20대 후반(90년경)부터 그런 고민을 하다가 30세 때 드디어 반농반X라는 라이프 스타일을 발견했다.

당시 나는 반농반X라는 삶의 방식을 확신하기는 했지만 이처럼 내가 책을 출간하거나 그 단어가 다른 나라의 말로 번역되어 바다를 건널 줄은 꿈에도 몰랐다. 그러나 점점 더해 가는 시대의 혼탁함이 반농반X에 오히려 밝은 빛을 비추어 주었다.

이 책의 출간 이후, 20대에서 40대까지가 반농반X에 특히 관심이 높다는 것을 알았다. 환경 문제와 연금 문제 등 부정적 유산을 떠안은 젊은 세대(소위 적자 세대)가 여기에 큰 관심을 보이는 것은 매우 희망적인 일이다.

나는 어떻게 반농반X라는 개념에 도달했을까? 돌아보면 25세(1990년) 즈음에 두 가지 난제를 만난 것이 그 시작이었다. 그중 하나가 환경 문제. 즉 내 생활 양식의 문제였다. 문득, 직접 농사일을 하면서 힘든 것도 느껴 봐야 다른 사람에게 메시지를 전할 수 있다는 생각이 들었다. 그러다 주위를 둘러보니 어느새 자연 농업을 시작했거나 농업적 생활을 추구하는 친구들만 남아 있었다. 이미 때는 무르익을 대로 무르익어 있었던 것이다. 두 번째는 어떻게 사느냐 하는 문제(천직 문제)였다. 나는 무엇을 위해 이 세상에 태어났을까, 내 역할과 천직은 무엇일까, 하고 고민했다. 나는 당시 이 두 난제를 동시에 해결할 아이디어를 찾고 있었는지도 모른다. 그렇게 다양한 책을 읽고 강연을 듣고 사람들과 토론하는 중에 큰 만남이 찾아왔다.

한신 대지진이 있던 1995년을 앞에 두고, 내 마음속에는 반농반X라는 개념이 떠올랐다. 그 개념은 나를 고민에서 벗어나게 하고 앞으로 나아갈 길을 보여 주었다. 그래서 나는 자기 탐색을 끝내고 실천을 시작할 수 있었다.

21세기에는 두 가지 문제가 있다고 생각한다. 바로 환경 문제와 천직 문제다. 이런 시대를 어떻게 살아야 할까? 나는 '네 가지 아까움'을 제안하고 싶다. 2004년 노벨 평화상을 받은 왕가리 마타이(Wangari

Maathai)* 덕분에 '아깝다'는 일본어가 유명해졌는데**, 이 시대에는 그녀가 말한 것 말고도 아까운 것이 세 가지 더 있다고 생각한다. 그것은 ① 타고난 재주(개성, 특기, 좋아하는 일)의 '미발휘', ② 지역 자원(대나무 등 자연 소재, 전통 식문화)의 '미활용', ③ 다양한 인재의 '미교류 · 미협력'이다.

누구나 나름의 X가 있기 마련이다. 진정한 자기 마음, 진정한 자기 몸을 만날 때, 묻혀 있던 소재와 다양한 사람이 만날 때에야말로 새로운 무언가(문제 해결법이나 새로운 문화 등)가 탄생한다고 나는 믿는다. 그 키워드는 역시 생물학자 레이첼 카슨이 말한 '센스 오브 원더'일 것이다. 한 송이 꽃과 돌고 도는 계절, 눈과 달과 꽃에 감동하는 감성 말이다.

그리고 용기를 내서 작은 행동을 쌓아 나가야 한다. 또 깨달음을 독점하지 말고 메시지를 계속 전파하며 공유해야 한다. 길은 분명 단순할 것이다.

슬프고 혼탁한 사건으로 얼룩진 우리 사회야말로 이처럼 작은 농업과 천직을 병행하는 생활 양식이 필요하다. 반농반X의 삶을 성취하기란 쉽지 않은 일일지도 모른다. 성서에서 말하는 좁은 문, 그것이 바로 반농반X일 수도 있다. 그러나 우리는 그것이 아무리 어렵고 실

---

* 케냐의 여성 환경운동가. 아프리카 그린벨트운동을 창설하여 생태적으로 실현 가능한 아프리카의 사회·경제·문화적 발전을 촉진했다. 이 공로를 인정받아 2004년 노벨 평화상을 수상했다.
** 일본어 '못타이나이(もったいない)'는 '아깝다'는 뜻. 왕가리 마타이가 일본을 방문했을 때 이 단어에 깊은 인상을 받아 전 세계 환경운동의 구호로 쓰기 시작했다. 못타이나이 캠페인은 『아사히 신문』 및 70여 개 민간 기업, 협회, 정부의 협력으로 6년째 지속되고 있다.

험적이라 해도 도전해 볼 필요가 있다.

이 책은 2003년 7월에 소니 매거진을 통해 출간한 것과 거의 똑같게 신서판*으로 만든 것이다. 이 책에 등장하는 많은 사람들 중에는 그 이후 인생의 반려를 만나 결혼하거나 새로운 지역에서 새로운 생활을 시작한 사람도 있고 새로운 일을 시작한 사람도 있다. 또 마을 의회, 시 의회에 도전한 사람도 있다. 새로운 사업과 꿈을 발견한 사람도 있다. 나 역시 아야베에서 1박 2일짜리 '반농반X 디자인스쿨'을, 도쿄에서는 '반농반X 컬리지 도쿄'를 새로 개시했다.

이렇게 세월이 흐르는 동안 반농반X는 점점 더 본질을 묻는 개념으로 평가받게 되었다. 신서판으로 새로 나온 이 책이 처음 출간되었던 그때보다 더 널리, 세대를 초월해 읽혀서 새로운 시대의 문을 여는 작은 계기가 되기를 기원한다.

* 가로 103mm, 세로 182mm인 출판물의 판형의 하나. B6판보다 약간 작고, 가볍게 읽을 내용을 수록한 저렴한 총서가 이 판형으로 주로 간행된다.

제6장

『반농반X의 삶』 출간,
그 후의 이야기

언어가 달라도
생각은 같다

2003년 7월, 소니 매거진을 통해 『반농반X의 삶』(원제: 반농반X의 삶의 방식)이 출간되었다. 책을 사고 나에게 처음으로 메일을 보낸 사람은 놀랍게도 중·고등학교 시절 동창이었다. 도쿄에서 여행사를 경영하는 그 친구는 발매 당일에 서점에서 우연히 내 책을 발견하고는 그 자리에서 샀다고 한다. 그리고 회사로 돌아가는 전철 안에서 책의 저자 약력에 나와 있는 내 메일 주소로 메일을 보낸 것이다. 대학에 진학한 뒤 전혀 다른 길을 걸었던 친구와 이렇게 재회할 줄이야. 인생은 정말 놀랍다. 책이 나온 뒤로는 이런 재회 또는 새로운 만남이 뒤를 이었다. 이 책의 출간은 내 인생을 크게 바꿔 놓았다.

　평범한 사람이 쓴 책인데도 발매 이후 독자들이 메일과 편지를 꾸준히 보내 왔다. 아야베로도 독자들이 찾아오기 시작했다. 심지어 그중 아야베로 이주한 사람도 적지 않다. 이런 전화가 왔던 것이 기억에 남는다. "아들이 가출을 했는데, 혹시 거기에 가지 않았나요? 아들 책상 위에 당신의 책이 있더군요." 아들을 찾는 어머니의 걱정스러운 목소리에 할 말을 잃었다. 이 작은 책은 다양한 사람에게 영향을 미쳤고, 그것은 지금도 변함없다. 지금도 종종, "최근에 반농반X를 알게 되었습니다", "친구들이 여행지로 반농반X의 발상지를 추천했어요"라는 내용의 메일이 온다.

이 책은 독자들에게 두 가지 측면에서 영향을 미친 듯하다.

하나는 X의 측면이다. 책을 읽고 나서 정말 하고 싶은 일을 하겠다며 회사를 그만둔 사람도 있다. 회사 사장에게 제안서를 제출하여 신규 사업을 맡게 된 사람도 있다. 농림수산성을 그만둔 사람도 있고, 어릴 때부터 하고 싶었던 일이 생각났다는 사람도 있다. 국내나 해외로 여행을 떠난 사람도 있다.

또 하나는 농업의 측면이다. 일단은 생활에 농업을 도입한 독자가 꽤 많다. 베란다나 옥상 텃밭을 만든 사람, 시민 농장에 응모하여 당첨된 사람, 고향의 농지를 경작하게 된 사람, 조부모의 농사일을 거들게 된 사람 등등. 전에는 명절에만 고향에 갔지만 이제는 모내기 때와 벼 베기 때도 내려간다는 사람도 있었다. 나는 이 두 가지 행동의 변화를 매우 긍정적으로 평가한다. 자신의 X를 진지하게 생각하고 흙과 식물을 접하며 '인간이란, 삶이란 무엇인가'를 고민하게 된 사람이 이 사회에 많아진 것을 환영한다. 반농반X란 겸허한 마음과 감사하는 마음을 회복하는 일, 그리고 이번 생에 자신이 해야 할 일에 최선을 다하는 일, 또 더 나은 미래를 만들기 위해 도전하는 일이다.

반농반X 개념이 탄생한 지 꽤 오랜 시간이 지났다. 이 개념은 무슨 이유로 이렇게 장수하는 걸까? 또 반농반X는 이 세상에서 어떤 의미가 있을까?

이 책이 대만과 중국에서 출간된 것에 대해서는 나중에 자세히 이야기할 테지만, 강사로 초빙받아 갔을 때 대만 사람들이 "당신의 책을 읽은 후 대학 교수를 그만두고 지역의 '마을 만들기 센터'에서 일하고 있습니다", "이 책을 읽고 지방으로 이주하여 경치 좋은 곳에서 민박을 시작했습니다"라고 말하기에 깜짝 놀랐다. '언어가 달라도 생각은 똑같구나' 싶었다.

끝으로 기념하는 의미에서 이 책이 세상에 나온 후 특히 놀라웠던 일, 기뻤던 일 열 가지를 정리해 본다.

- 『아사히 신문』 서평에 '비즈니스 서적'으로 소개되었다. 그날 밤 인터넷 서점 아마존의 순위를 보니 종합 80위 정도였다(2003년 8월).
- NHK TV「가까운 곳의 저력」에 출연했다. 도쿄의 스튜디오에서 녹화를 하려니 가슴이 두근거렸다(2004년 10월).
- 『월스트리트 저널(The Wall Street Journal)』에서 나를 취재하러 왔다(2003년 11월).
- 20대의 대만 여성이 오사카에서 이 책을 읽고 추천한 결과, 대만에서 중국어판이 출간되었다. 현재 12쇄를 넘어섰다(2006년 11월).

- 강사로 초빙받아 대만에 가서 강연과 농업 체험, 지역 교류 행사 등에 참여하며 한 달간 체류했다(2011년 10~11월).
- 중국 청두(成都)의 한 편집자로부터 "지금 중국인도 반농반X를 추구하고 있습니다"라는 메일을 받은 후 잡지에 20쪽짜리 특집으로 다루어졌다(2009년 3월).
- '반농반X 보고서' 및 공저 서적이 한국어, 태국어, 영어로 출간된 덕분에 각국의 반응을 알 수 있었다(2009년 4월 등).
- 인기 아이돌 그룹 아라시의 사쿠라이 쇼 씨와 반농반X에 대한 대담을 진행했다(『일본의 폭풍』이라는 책에 게재되어 발매됨, 2010년 3월).
- 독자들이 농업적 생활(베란다 텃밭에서 이주까지)을 개시하거나 자신의 X를 찾아 도전(회사 내에서, 자원봉사로, 혹은 창업으로)하기 시작했다.
- 수많은 만남(아야베 방문과 이주, 메일과 손편지, 전국 각지에서 이뤄진 강연에서의 교류 등)이 있었다.

강연을 하며
발견하는
반농반X의
다양한 가능성

출판 전에도 강연은 했지만 이 책이 출간된 후 의뢰가 급증했다. 강연을 어디서 의뢰했는지, 어떤 주제로 의뢰했는지를 보면 반농반X의 다양성을 알 수 있다.

강의는 우선, 지방자치단체가 전원생활 홍보, 정착 촉진을 위해 의뢰하는 경우가 많다. 지금 나는 교토 부청의 '교토 전원생활 기획위원'으로, 또 후쿠야마 현청의 '이주 시책 위원'으로 일하고 있다. 앞으로 지방의 인구는 점점 감소할 것이다. 대부분의 지방이 그렇듯 아야베도 '소멸 가능 도시'로 분류되고 있다.

자치단체장 중에도 반농반X에 관심이 많은 사람이 있다. 다른 지역의 단체장이 검은색 공용차를 타고 나를 찾아와서 놀랐던 적도 있다.

지금 반농반X를 가장 효과적으로 실천하는 곳은 시마네 현이다. 시마네 현의회의 초대에 응하여 마쓰에 시에서 강연을 하다 보니 시마네 현의 철학이 반농반X와 비슷하다는 사실을 알게 되었다. 현청 직원들에게 반농반X의 개념을 자유롭게 활용해도 좋다고 했더니 그 후로 멋진 정책을 여럿 펼쳐 주셨다(반농반'양조업자', 반농반'보육사', 반농반'조리사' 모집). 시마네는 지금 주목을 받는 현이다. 당시에도 『닛케이 신문』과 NHK 등에서 취재를 하러 와서는 시마네 현의 장점에 대한 질문을 퍼부었다. 시마네 현은 거대한 상업지에서 멀리 떨어져 있어서 지리적 조건이 좋다. 대도시와 가까우면 시책이 어중간해지기 때문이다. 나는 책임자와 행정 직원들의 위기감 및 의욕, 그리고 지리적 조건이 딱 들어맞은 결과로 이를 분석하고 있다. 반농반X를 시책에 활용하고 싶은 지방자치단체가 있다면 부디 주저 없이 써 주시기 바란다. 이 나라에는 모델이 많이 필요한 데다, 환경 파괴와 기후 변동, 지역 피폐가 가속화되어 남은 시간도 별로 없는 듯하다. 향후 기초자치단체에도 '반농반X과'가 생길 수 있지 않을까?

1999년에 고향인 아야베로 유턴한 이래, 아야베의 인구 감소 수는 약 3만 5,000명에 달한다. 자연 감소도 있겠지만 여하튼 무엇이 그렇게 인구 감소를 부추겼을까? 그 주원인은 해마다 고등학생들이 진학 때문에 도시로 유출되는 데에 있었다. 나는 이를 '진학 과소(過疎)'라 부른다. 나도 똑같았으니 가지 말라는 말은 못하지만, 도시의 대학에서 많이 배운 인재들이 아야베로 유턴하여 창업할 수 있었으면 한다.

지역의 X(지역 자원)와 주민의 X를 결집한 '마을 만들기'에 관한 강연을 해 달라는 의뢰도 많다. 그럴 때는 워크숍도 종종 진행한다. 그 외에 한계 집락(限界集落)*도 강연의 주요 테마 중 하나다.

총무성이 창립한 '지역 일으키기 협력대'의 임기가 끝난 후에 그 인원을 어떻게 활용하느냐를 놓고 강연을 의뢰한 경우도 있었다. 소위 '비전 수립'을 지도해 달라는 것이다. 필요한 기초자치단체는 협력대를 모집할 수 있지만 그 임기는 3년에 불과하다. 그러므로 대원들은 임기가 끝난 후 부임지에서 취직을 할지, 창업을 할지, 아니면 부임 전의 생활로 돌아갈지 고민하게 된다.

퇴직 후 제2의 인생을 준비하는 사람들을 위한 강연일 때도 있다. 2013년 오사카 강연도 그런 내용이었다. 평균 수명이 계속 높아지는 가운데, X를 중심으로 제2의 인생을 살 수 있다면 누구보다 행복한 노년일 것이다.

친환경 생활을 지도해 달라는 경우도 있다. 나는 대학을 졸업하자마자 환경 문제에 관심을 갖고 이 길로 들어섰다. 이는 25년 넘게 생각했던 것을 전달할 수 있는 자리라 기쁘게 임한다.

취직을 준비하는 대학생을 대상으로 한 강연 의뢰도 많다. 취직이 전부라고 생각한 탓에 좁아져 버린 학생들의 시야와 선택지를 넓혀 주고, 자신을 점검할 기회를 마련해 주고 싶은 대학 측의 배려가 느껴지는 의뢰다. 나는 현재 돗토리 대학 지역학부 비상근 강사('지역학

---

* 고령화, 도시화 등으로 인구의 50퍼센트 이상이 65세 이상의 고령자가 되어 관혼상제와 같은 사회 공동생활의 유지가 곤란해진 집락.

입문') 및 도시샤 대학 대학원 종합정책과의 위탁 강사('유기농 생활과 사회디자인론')로 일하고 있어서 평소에도 학생들과 이야기할 기회가 많다.

사회적 창업과 사회 디자인, 자치단체의 정보 전파, 센스 오브 원더의 소중함 등을 특별히 다루어 달라는 의뢰도 있다.

요즘은 강의할 때, 한 시간이나 한 시간 반 정도 반농반X의 기본을 강의한 후 같은 시간만큼 워크숍을 진행하는 형식을 택하고 있다. 청중들이 듣는 데서 끝나지 않고 스스로 행동하고 실천함으로써 자신의 인생과 미래를 바꾸었으면 하는 바람에서다.

3·11 동일본 대지진의 영향으로 다른 지역으로 이주한 사람들을 많이 보았다. 그 후 일본은 내면으로부터 달라졌다고 하는데, 내 눈에는 의외로 달라진 점이 없어 보인다. 나는 25년 넘게 음식과 농업, 환경 문제를 고민해 왔다. 하지만 결국 내 인생의 주제는 '사람은 언제 바뀔까?'였던 것 같다. 강연? 여행? 한 권의 책? 아니면 스승이나 친구 등 사람과의 만남? 그것도 아니면 지진 등 천재지변? 구조조정 또는 질병, 교통사고? 슬프게도, 무슨 일이 있든 좀처럼 변하지 않는 것이 사람이다.

바다를 건너간
반농반X
- 해외로의 확대

| 대만 상륙

2006년, 대만에서 이 책의 중국어판이 출간되었다. 20대의 대만 여성 소피아 씨가 일본에서 이 책을 만났고, 모국에 전하고 싶은 생각에 대만의 큰 출판사에 이 책을 추천한 것이다. 대만판은 '반농반X적 생활'이라는 제목으로 출간되었는데, 고맙게도 벌써 12번이나 인쇄를 했다.

책 덕분에 2009년부터 2013년의 5년 동안 대만에 다섯 번이나 초빙을 받았다. 대만의 아름다운 농촌 지역인 메이농의 셔치 대학(커뮤니티 컬리지), 타오위안 현, 중앙정부 및 환경 학부가 있는 국립 동화 대학 등에서 요청이 있어서 도시와 농촌을 오가며 20회쯤 강연을 해야 했다. 그때는 총 50일 정도를 대만에서 보냈다.

반농반X는 왜 대만에 확산되었을까? 대만은 일본과 마찬가지로 식량 자급률이 낮은 데다 젊은 인구가 도시로 빠져나가 지방이 피폐해졌고 농지도 황폐해지는 중이기 때문이다. 로하스(Lohas) 등의 건강 지향성, 유기농, 자연식에 대한 높은 관심도 한몫했다. 나만의 생각인지도 모르지만, 소농 문화권인 동아시아 국가들의 저변에는 어떻게 살아야 하느냐(X)를 진지하게 고민하는 풍토와 청경우독의 사상이 공통적으로 깔려 있는 것 같다.

앞서 언급했듯, 대만의 편집자는 대만판에 '순종자연(順從自然), 실천천직(實踐天職)'이라는 부제를 붙였다. 자연을 가까이하고 타고난 재주를 독점하지 말고 사회를 위해 쓰라는 뜻이다. 일본에서 강연을 할 때면 이것이 얼마나 훌륭한 부제인지를 항상 이야기한다. 여덟 자로 이루어진 간단한 문장에 인류가 지향해야 할 방향이 모두 담겨 있기 때문이다. 우리는 어느새 서양의 가치관에 물들어 자연을 통제하려 하고 있다. 지금 우리에게는 자연과 함께하고 자연을 가까이하는 감각, 감성이 필요하다.

24절기 중 입동 날에 대만의 한 가정에 초대를 받았다. 이날은 매우 특별한 날로, 막 시작될 겨울을 이겨 내기 위해 모두 모여 한방 요리를 먹는 풍습이 있다고 한다. 각종 약선 요리를 대접받고 집 안을 구경했는데, 모든 음식이 장작으로 조리된 것을 알고 깜짝 놀랐다. 장작이 음식에 맛과 영양을 더해 주기 때문인가 생각했지만, 더 둘러보니 난방용 화로에도 장작을 때고 있었다. 그런데 그 집은 한방약 도매업을 하는 부유한 가정이었다. 혹시나 해서 "밭도 있습니까?"라고 물었더니 역시나 바로 옆에 있다며 즉시 안내해 주었다.

모든 가족이 일을 소중하게 생각했으며, 대화에서도 공부에 대한 열정을 느낄 수 있었다. 그야말로 청경우독이 형상화된 듯한 가정이었다. 지구의 순환과 절기를 따르고 가족 모두가 사이좋게 지내는 데다 생활은 소박하니 이런 집은 자손 대대로 잘살 수밖에 없다.

우리 현대인은 이미 자연에서 멀어진 생활을 하며 자신들의 사정에 맞춰 자연을 통제하려 하고 있다. 그러다 보니 가족도 어느새 남처럼 되어 버렸다.

입동 때마다 나는 대만에서의 하룻밤을 떠올리며 자신을 돌아본다. '積善之家 必有餘慶(적선지가 필유여경, 적선하는 집에는 반드시 경사가 많다)'이라 하지 않았는가.

2010년 겨울, 강연 관계로 대만에 5일 정도 머물게 되었을 때 기획 담당인 궈리진 씨가 뜻밖의 질문을 했다. "다음에는 한 달 정도 머무르실 수 있습니까?" 다음에는 강연뿐만 아니라 농촌 체류와 자연 체험도 함께했으면 좋겠다는 것이다. 그래서 둘 다 좋은 시기로 생각한 것이 마을 축제가 끝난 직후였다. 그래서 신에게 풍작을 빌고 축제가 끝난 다음 날 대만에 왔다. 2011년 10월의 일이다.

나에게 주어진 미션은 대만 동부의 자연이 풍부한 지역, 화롄, 타이둥으로의 이주 촉진이었다. 또 지역의 자연 자원과 인재를 활용한 관광 및 진흥에 대한 조언을 요청받았다. 한 달간 대만에 머무르는 동안 대만 각지의 많은 독자들이 실제로 반농반X를 시작했는데, 나는 그들을 많이 만날 수 있었다.

쌀로 유명한 츠상 지역에 있는 '황쭈민수'의 주인 황 씨도 반농반X를 실천하는 사람 중 하나다. 나는 당시 황 씨의 논에서 기계로 풀을 베게 되었다. 짧은 시간이었지만 일본의 내 논에서 하듯 제대로 풀을 베었다. 한 구획만이라도 끝내자는 생각이었다. 이렇게 땀을 흘리고 노동을 하고 나니 비로소 '대만을 위해 일했다'는 생각이 들었다. 왠지 은혜를 갚은 것 같았다.

화롄의 반농반X 사회 창업가 왕푸유 씨의 자연식 택배 회사 '따왕차이푸즈'에서는 유기농 채소와 과일의 출하 작업을 도왔다. 직원들과 마음을 모아 하나의 일을 해내는 과정은 숭고하다. 또 어르신들에게서 콩을 선별하는 방법도 배웠다. 콩을 선별하는 동안은 마치 조용한 명상 시간 같다.

츠상에서 묵었던 민박집의 할아버지는 예전 일본군으로 동남아시아 지역의 전쟁에 출전했다고 한다. 지금은 직접 생산한 유기농 식품을 오토바이로 아침 시장에 실어가 이야기를 하며 파는 것이 삶의 보람이다. 대만 농촌의 할아버지가 일본어에 능통한 것을 보며 심경이 복잡해지는 사람은 나 혼자만이 아닐 것이다. 일본의 제국주의는 이런저런 역사를 남겼을 것이다. 나는 한나절 동안 할아버지의 제자가 되어 아침 시장에 동행했다. 팔고 남은 과일과 채소는 마을을 돌아다니며 사람을 모아 팔았다. 반농반X를 전함으로써 조금이라도 아픈 과거를 보상하고 밝은 미래에 공헌할 수 있었으면 좋겠다.

대만에서는 강연 후에 종종 특산품을 교환한다. 나는 일본을 떠날 때 오리지널 반농반X 로고가 들어간 목장갑을 가져갔다. 예전에 400 켤레를 만들어 두었는데, 생각보다 반응이 좋아서 기뻤다. 우연히 반농반X 장갑을 낀 사람을 만난다면 인사를 나누고 친구가 되고 싶을 것 같다. 반농반X의 인연이 대만에서 앞으로도 확장되기를 바란다. 이 장갑은 지금 대만 화렌의 오가닉 파머스 마켓에서 판매되고 있다. 장갑의 매출이 운영에 조금이라도 도움이 되기를 바란다.

드디어
중국 대륙으로

나는 10년 동안 회사를 다녔는데, 그 회사에는 중국인 동료가 몇 있었다. 그런데 그중 베이징 출신의 여직원이 '반농반X는 중국에서도 통한다'는 말을 해 주었다. 책이 나오기도 전이니까 상당히 오래전 일이다. 그녀의 말에 의하면, 예술가가 농촌으로 이주하는 사례도 적지 않다는 것이다. 청경우독이라는 이상적인 삶을 일본에 전해 준 중국에 다시 반농반X가 전해진다면 무척 기쁠 것 같다는 생각을 했다.

몇 년 전 중국 청두의 한 잡지 편집자가 "지금 중국인도 반농반X를 추구하고 있습니다"라며 메일을 보내서 나를 놀라게 했다. 그 후 『청두커』라는 잡지가 20쪽에 걸쳐 반농반X 특집을 게재했다. 그리고 몇 년 전 여름, 반농반X를 더 알고 싶다며 홍콩 여성이 아야베까지 나를 찾아왔다. 홍콩뿐만 아니라 대륙에서도 대만판 책이 읽히고 있어서 반농반X를 아는 사람이 많다는 것이다. 들어 보니 중국인이 대만을 자유롭게 여행할 수 있게 된 시기부터 반농반X 개념이 보급된 듯했다.

2013년 여름, 상하이의 한 출판사가 대륙판(간체자) 『반농반X적 생활』을 출간했다. 손꼽아 기다리던 중국 진출이었다. 첫 번째로 도착한 독자의 편지를 여기 소개하겠다.

친애하는 시오미 씨, 저는 중국 상하이의 독자입니다. 『반농반X적 생활』을 통해 반농반X라는 개념을 알게 되어 정말 기쁩니다. 감사합니다. 책을 읽고 나서 어떤 시골에 갔습니다. 도시에서 자란 제게 시골은 낯선 곳이지만, 그곳 농민과 의논하여 2개월간의 농업 생활을 체험한 결과 농업이 좋아졌습니다. 그래서 반농반X의 생활을 시작하기 위해 이곳저곳을 천천히 둘러보다가 드디어 마음에 드는 민가를 발견하여 수리하는 중입니다. 요즘은 직접 기른 무농약 채소를 먹으며 행복을 실감하고 있습니다. 저는 반농반X의 개념을 더욱 확대할 거점으로서 새로운 공간을 만들어 사람들에게 반농반X적 생활을 체험할 기회를 제공하고 있습니다. 중국 내 반농반X 네트워크를 구축할 생각도 있습니다. 귀한 조언을 부탁드립니다.

2014년 3월, 나는 중국에서 처음으로 반농반X에 대한 강연을 했다. 중국·대만·일본인이 모두 모이는 '지구 시민촌 in 상하이 2014'라는 행사에서 200명이 넘는 청중을 대상으로 강연할 기회가 생긴 것이다. 처음에는 불안했지만, 청중은 위의 편지를 보낸 독자처럼 뜨거운 반응을 보내 주었다. 일본·대만과 똑같이 반농반X의 보편성을 실감했다.

또 사회적 기업에 관심이 있는 상하이의 젊은이 50명을 대상으로 강연할 기회도 있었다. 2013년 가을에 아야베를 방문했던 천통쿠이 씨가 주최한 강연이었다. 천통쿠이 씨는 도시와 농촌을 음차(飮茶) 문화로 연결하기 위해 힘쓰는 사회적 기업가다. 강연 다음 날에는 그의 권유로 동료들과 함께 중국 농촌의 무화과 묘목 식수 행사에 참가했다. 그때 새로운 시대의 도래를 느끼며 이런 생각을 했다. 우리는 센카쿠 열도*와 반일 시위, 미세먼지를 제외하고는 중국에 대해 아는 것이 없으니, 이런 상호 왕래, 시민 교류가 더욱 중요하며 우리가 중국을 더 자주 방문해야 한다고 말이다. 기회가 다시 온다면 언제든 중국을 찾을 것이다. 상하이의 강연 다음 달에는 중국인으로 구성된 반농반X 아야베 투어가 최초로 실시되었다. 『반농반X적 생활』을 읽은 중국인들이 아야베를 찾아오는 시대라니, 정말 멋진 시절이 다가온다.

영어 등 다언어화의 가능성에 대해

동시 통역사, 번역가이자 환경 저널리스트인 에다히로 준코 씨는 영어를 할 줄 아는 동료들을 모아 'JFS(Japan for Sustainability)'라는 프로

---

* 중국명은 다오위다오(釣魚島).

젝트 팀을 만들었다. 이는 일본에서 어떤 환경 운동이 이루어지고 있는지 영어로 세계에 전달하는 것이 목적이다. JFS는 몇 년 전 일본의 반농반X를 영어로 번역해 세계의 환경학자, 환경 활동가 1만 명에게 전달했다. 그 후 미국, 영국, 독일, 호주, 싱가포르 등 다양한 나라의 잡지와 인터넷 사이트에 반농반X가 게재되었다. 그러다 보니 영어로 된 책은 없느냐는 질문도 받게 되었다.

그래서 지금 큰 과제가 반농반X라는 네 글자를 영어로 번역하는 일이다. 'Half agriculture, Half X'로 할 때가 많지만 좀 더 짧게 축약했으면 좋겠다. '파머 컬처'* 또는 '마크로비오틱'처럼 새로운 말을 만들어도 좋을 것 같다. 에히메의 한 대학 교수는 self cultivation이 '자기 육성'으로 번역되므로 cultivation이라는 말을 넣으면 식자층은 이해할 것이라는 조언을 하기도 했다. '사토야마'도 영어권에서 고유명사로 쓰이고 있으니 그냥 일본어 그대로 써도 되지 않겠느냐는 의견도 있다. 책을 출판하여 널리 읽히려면 광고 문안을 만드는 감각도 필요할 것이다. 좋은 아이디어가 있는 독자는 꼭 알려 주기 바란다. 반농반X가 영어권까지 확대되면 우리의 미래는 더 밝아질 것이다.

반농반X를 접한 한국인에게서도 "반농반X는 한국에서도 중요한 개념이라고 생각합니다"라는 메일이 온 적이 있다. 10명이 함께 쓴

---

* PermaCulture. 영구한(permanent), 농업(agriculture), 혹은 문화(culture)의 합성어. 농업을 중심으로 한 지속가능한 생활 양식 및 사고방식을 일컫는다.

책 『자급을 다시 생각한다』는 한국어판으로 출간되었다. 대만과 중국처럼 한국에도 반농반X가 잘 알려진다면 좋겠다.

일본계 기업에 근무하는 태국인을 위한 잡지에도 반농반X가 소개된 적이 있다. 그 기사를 읽은 30대의 태국인 여성에게서 "저도 태국에서 반농반X를 하고 싶습니다"라며 메일이 왔다. 이 개념이 태국까지 전해지고 있다는 것을 느꼈고, 다언어화의 중요성도 통감했다.

캐나다의 신문기자도 아야베까지 취재를 하러 왔다. 또 파리에 사는 영상 작가가 반농반X와 사토야마에 대한 영상 작품을 만들고 싶다며 아야베로 촬영을 하러 왔다. 상상도 못했던 시대가 오고 있다.

출판 후의
아야베에 관해
- 새 로 운   이 주 민

우리 집에서 차로 20분 거리에 농가 민박 '이반의 고향'이 탄생했다. 주인은 교토 시에서 아야베로 이주해 온 아키모토 히데오 씨(60세)와 히로코 씨(59세) 부부다.

'이반의 고향'이라는 이름을 듣고 무언가 떠오른 사람도 많을 것이다. 생각대로 톨스토이의 유명한 민화『바보 이반』이다. 민박에 '이반'이라는 이름을 붙인 아키모토 씨는 어떤 사람일지 무척 궁금하다. 사실 나도 톨스토이를 좋아한다. 아카모토 씨는 원래부터 건강과 음식을 중요하게 생각했는데, 어느 날『당근에서 우주로』[*]라는 책에서 '바

---

[*]『ニンジンから宇宙へ』よみがえる母なる大地』아카미네 가쓰토 저, 나즈나월드, 1993

보 이반' 이야기를 읽게 되었다고 한다.

교토 생활협동조합에서 20년을 일하다 퇴직한 후 도예를 하고 싶었다는 아키모토 씨. 그러나 환경이 허락하지 않아 동료와 개호(介護) 사업체를 경영하기도 하고 가정식 요리 가게를 열기도 했다. 다재다능한 사람이다. 그러다 드디어 부부가 나란히 전원을 찾게 되었고 마침내 아야베로 아이턴했다.

나는 강연 때마다, X를 찾거나 확인하고 싶은 사람들을 위해 '자신의 키워드(좋아하는 일과 잘 하는 일, 라이프워크, 테마 등)' 세 가지를 써내게 한다. 그런데 신기하게도, 한 개라면 모르지만 세 개가 겹치는 일은 한 번도 없었다. 나는 이를 사명 다양성이라 부른다. 생명도 다양하고, X도 다양하다. 사람은 상상 이상으로 독특한 존재다. 아키모토 씨의 키워드는 음식과 건강, 도예와 하이쿠(俳句), 진리 탐구였다.

지속가능한 농업을 하면서 자신의 키워드를 심화시킨다. 또한 창조성과 상상력으로 주위에 행복을 선물한다. 지금은 이렇게 후세를 위해 선물을 남기는 시대다. 아키모토 씨는 농가 민박이라는 형태로 자신의 X를 멋지게 실현시켰다.

아야베 시청의 '정착촉진과'의 주최로, '이반의 고향'에서 이주 1~2년차 이주민들이 참가하는 교류회가 열렸다. 총 12세대가 참가한 이 교류회에서 아키모토 씨는 이런 말을 했다. "아야베가 지닌 역사, 정신문화뿐만 아니라 이주하는 사람들도 아야베의 새로운 매력을 만들어 내고 있는 것 같습니다."

아키모토 씨와 이야기하는 중에 문득, 바보 이반의 팬 모임이 생기면 좋겠다는 생각이 들었다. 그리고 그로부터 정확히 1년 후에 그 생각은 현실이 되었다. 아야베는 아키모토 부부의 이주 이후 더욱 깊이 있는 마을이 되어 가고 있다.

도시와 지역 사람을 연결하는 '사토 프로젝트'가 개최한 도쿄 긴자의 공개 강좌에서 반농반X에 대해 이야기할 기회가 생겼다. 바야흐로 긴자에서 반농반X의 강의가 열리는 시대가 온 것이다. 강연 후 질문 시간에는 젊은 남성 하나가 "저는 다음 달에 아야베로 이주합니다"라고 자기 소개를 해서 모두 놀랐다.

그 자리에 구사카리 마사토시 씨도 있었다. 지바에 살던 그는 3·11 동일본 대지진 직후 아내와 한 살짜리 딸과 함께 아야베로 이주했다. 구사카리 씨는 도쿄에서 해마다 열리는 '어스데이(Earth Day) 도쿄'에 참가했다가 아야베를 알게 되었다. 아야베의 화지 장인이자 예술가인 하타노 와타루 씨가 출품한 화지 작품에 이끌린 구사카리 씨는 하타노 씨와의 대화에 푹 빠지게 되었다. 우연한 만남이 사람의 인생을 이렇게 바꾸어 놓기도 한다.

길거리 시인이자 서예 행위 예술가이기도 한 구사카리 씨는 서예를 통해 세상 사람들에게 활기를 주는 일을 X로 삼고 있다. 지금은 이처럼 꿈으로 가득한 구사카리 씨지만 옛날에는 그렇지 않았다. 꿈이 없는 채로 대학을 졸업하고 IT 기업에 취직하여 시스템 엔지니어로 일했지만, 격무에 시달린 끝에 공황장애가 생겨 은둔형 외톨이가 되어 버렸다. 그래서 인생의 전환점을 마련하기 위해 30개국 세계 일주를 혼자서 결행했다. 그리고 무사히 돌아온 후 레스토랑에서 점장으로 일할 때 서예를 알게 되었고 1년 후 서예 행위 예술가로 독립했다. 참으로 파란만장한 인생이다.

놀랍게도 구사카리 씨는 중학교 이후로 서예를 해 본 적이 없었다. 몇 년 전에는 아내의 권유로 '길거리 시인 학원'에 다니게 되었고, 신주쿠에서 처음으로 길거리 시인 체험을 했다. 그 후 약 5,000명의 사람들에게 서예 작품을 통해 희망의 말을 선물했다. 길거리 시인 학원에 가야 한다고 등을 떠밀어 준 아내의 애정도 고맙다.

그는 아야베에서도 꼭 서예 교실을 열고 싶다고 했는데, 이번 여름에 드디어 '개성필교실(個性筆教室)'이라는 강좌를 열었다. 장소는 아야베와 고베에서 이중생활을 즐기는 자력 체조(自力體操) 강사 나리모토 히로미 씨의 멋진 카페 '도유'다. 글씨에 자신이 없었던 나도 수강해 보았는데, 두 시간 동안 강좌를 들은 것만으로도 글씨가 극적으로 나아져서 감탄했다.

앞으로 지방의 기초자치단체는 농업을 중시하는 사람, 자신의 X로 무언가를 실현하여 새로운 가치를 창조하고 주위에 도움이 되려는 사람을 찾을 것이다. 구사카리 씨처럼 훌륭한 인재가 아야베에 와 주어 정말 기쁘다. 올해도 나는 구사카리 씨와의 공동 행사(반농반X로 먹고 살기 위한 정보 전달법 강좌)를 교토 시내에서 열었다. 아야베에 강력한 조력자가 하나 더 생겼다.

아키모토 부부, 구사카리 씨 가족 외에도 아야베의 이주자는 점점 늘어나는 추세다. 효고에서 우리 마을로 온 다다 마사토시, 에쓰코 부부도 그중 하나다. 이들은 자치회에서도 나와 같은 조에 속해 있다. 이들의 이주 계기는 다다 씨의 딸이 내가 연 이벤트의 진행에 참여하고 내 강연을 들으며 아야베의 존재를 부모님께 전한 것이었다. 마을의 세대 수는 현재 70개가 조금 넘는데, 한 세대의 가입, 일가족의 전입이 얼마나 큰 힘이 되는지를 실감하게 된다. 다다 씨는 광고 대리점에 근무했기 때문에 기획의 전문가다. 소프트파워의 시대, 기획력을 갖춘 시민이 점점 필요해진다. 단, 그저 기획력만 있으면 되는 것은 아니다. 위에 말한 두 사람처럼 흙에서 겸허하게 배우면서도 기획력과 실행력을 갖추어야 하는 시대다. 그런 인재가 많아야 이 나라의, 그리고 세계의 미래가 밝다.

다른 기초자치단체도 마찬가지지만 아야베 시청도 새로운 사람들의 정착 촉진에 힘을 기울이고 있다. 지금은 아예 '정착촉진과'를 설치하고 우수한 직원들을 배치했다. 2대째 시장인 야마자키 젠야 씨는 예전 일본 정책 투자은행의 국제 부장으로, 50대 초반에 아야베로 유턴했다. 도쿄의 대형 서점에서 우연히 나의 책을 보게 되었다고 한다. 국제 부장의 직함을 버리고 고향에 돌아오기까지 용기가 필요했을 텐데, 결단을 내린 것에 감사한다. 참고로 이 책 띠지의 홍보 문안을 제공한 『숲에서 자본주의를 껴안다』의 저자 모타니 고스케 씨는 시장의 은행 시절 후배로, 전에 아야베에서 강연도 해 주었다.

이 책 이후의 아야베에 대해서는 『아야베발 반농반X적 삶의 방식 88가지』를 참고하기 바란다. 아야베의 특산품이 되기를 바라는 마음으로, 반농반X적 아야베 사람 88명을 소개한 책이다. 대만에서 출간되었고 상하이의 출판사를 통해 중국 대륙에서도 출간될 예정이다.

여담이지만 다른 기초자치단체에도 이런 책이 있으면 멋질 것이라고 생각한다. 젊은 작가나 사진을 좋아하는 사람들이 지역의 출판사를 통해 책을 내면 좋겠다. 행정 구역별로 각각 책이 있으면 재미있을 것이다. 언젠가 대만의 '반농반X적 삶을 사는 88명'을 소개한 책과 중국의 '33성(특별구 등을 포함한 중국의 행정 구역)판', 뉴욕판, 러시아판이 나올지도 모르지 않는가?

출판 후의
내 인생과
미래에 대해

| 사토야마네트 아야베를 졸업

이 책이 2003년에 출간되었을 때 나는 38세였다. 몇 차례 언급했듯이 어머니가 42세에 돌아가셨으니 나도 그 나이 때 죽는다 해도 후회가 없는 삶을 살아야겠다고 생각했다. 그래서 이 책의 출간이 내 마음에 약간의 안도감을 주었던 것 같다. 다행히 때에 맞췄다고 말이다.

그로부터 10년이 조금 넘은 지금, 나는 그 시절과 어떻게 달라졌을까? 아무래도 가장 큰 변화는 모교인 도요사토니시 초등학교(현 아야베 시 사토야마 교류 연수 센터)를 활용하여 도농 교류 사업을 했던 NPO법인 사토야마네트 아야베를 2014년 3월에 졸업한 것이다. NPO의 살림이 어렵기도 하지만, 졸업의 결정적인 이유는 다음과 같다. 인터넷의 정보량은 10년 사이에 530배로 늘었다고 한다. 비즈니스 서적에 그렇게 쓰여 있는 것을 보고 크게 공감했다. 이제 옛날 방식이 통하지 않게 되었다. '한 번 비틀기'로는 부족하여 '두 번 비틀기'쯤은 되는 아이디어가 필요한 시대다. 직원의 세대교체를 통해 20~30대의 젊은 감성을 도입해야 한다. 더 나아가, '마을 만들기'를 성공시키기 위해서는 조상들의 지혜와 젊은 감성이 반드시 조합되어야 한다.

사회적 대학
'아야베 사토야마 교류 대학'

사토야마네트 아야베와는 이별했지만, 2007년에 개교한 사회적 대학 '아야베 사토야마 교류 대학'에서 요청을 받아 도쿄 분교의 기획에만 관여하고 있다. 그래서 '한 달에 하루는 도쿄에서'라고 정해 놓고 매달 도쿄의 대학, 사회적 기업, NPO와 제휴하여 아야베(반농반X, 아야베의 매력 등)에 대한 강연을 전개하고 있다. 두 달에 한 번, 계절에 한 번이 아니라 달마다 하는 것이다. 그만큼 이야깃거리와 영향력이 필요하다. 아야베 시의 '마을 만들기' 기금의 지원을 받고 있는데, 이런 강연을 되도록 3년은 지속했으면 한다. 그래서 도쿄의 주요 인물들에게 문의했더니 긍정적인 답변이 돌아왔다. 메이지 대학 농학부의 오다기리 도쿠미 씨, 로컬 디자인의 일인자 스즈키 데루타카 씨, 로컬 디자인 네트워크의 대표 사이토 데쓰야 씨, 웹 매거진 『greenz』의 스즈키 나에 씨 등 많은 이에게 감사한다.

1박 2일짜리
반농반X 디자인스쿨

교토의 사찰에서 개최된 3인 대담회에서 30대의 한 여성이 나에게 "아야베에서 워크숍을 하지는 않습니까?"라는 질문을 했다. 미처 생각지 못했지만, 저서를 읽고 아야베를 찾아오는 사람도 많으니 X의 탐색을 지원하는 워크숍을 해도 괜찮을 것 같았다. 그래서 2006년 입춘 즈음해 반농반X 디자인스쿨(XDS)을 열었다.

한 해에 몇 번 1박 2일 과정을 실시하는 형태다. XDS는 X를 찾아 압축함으로써 자신의 틀[型]을 발견하는 것이 주목적이므로 농사일은 하지 않고 인원은 7명 이하로 유지한다. 여기서는 각자의 X를 적은 '반농반X 디자인 북'을 다 함께 만들어 발표하고 공유한다. 다른 사람의 생각과 말에 자극을 받아 자신의 생각과 아이디어가 심화된다. 그렇게 1박 2일이 지나면 미래가 말끔하고 또렷이 정리되는, 강력 추천 과정이다.

선배들에게 이러쿵저러쿵 조언하자니 이상해서 현재는 40세 이하만 대상으로 하고 있다. 수도권에서 온 참가자도 많고 남녀 비율은 반반, 연령대는 33세 전후가 많은 것 같다. 장소는 아야베의 농가 민박으로, 앞서 소개한 시바하라 기누에 씨의 '지금 그대로'와 아키모토 히데오, 히로코 부부의 '이반의 고향'이다.

시오미 나오키의
콘셉트 스쿨

아야베의 XDS에 그치지 않고, 개념을 스스로 창조하고 사회 디자인을 하기 위한 워크숍 '시오미 나오키의 콘셉트 스쿨'을 2013년부터 교토 시내에서 개최하고 있다. 회사원 시절에 로버트 라이시(Robert Reich)의 책 『국가의 일』에서 '심볼릭 애널리스트'라는 개념을 접하고 감명을 받았다. 같은 시기에 '신개념 창출 능력'이라는 말도 들었다. 그 후 나는 콘셉트, 신개념, 키워드에 흥미를 갖게 되었다. 신개념 창출에 관한 전문 교육을 받은 적은 없지만 내 나름의 방식으로 그것을 전파하고 싶다.

2014년 봄부터는 콘셉트 스쿨의 통신 교육을 시작했다. 멀리 떨어져 있어도 참여할 수 있게 된 것이다. 구체적으로는, 내가 매주 금요일 저녁에 신개념을 만드는 연습 문제 하나를 학생들의 메일로 보낸다. 학생들은 주말 동안 그 문제에 관한 아이디어를 세 가지씩 생각해 월요일 아침 8시 전에 메일로 보낸다. 그리고 며칠 안에 내가 의견을 보내 준다. 이 과정을 약 1년(50주) 동안 반복하는 것이다. 개념을 스스로 만들 수 있다는 것은 꿈을 자급할 수 있다는 뜻, 미래를 스스로 만들 수 있다는 뜻, 시대를 조금씩이라도 바꾸는 힘을 갖춘다는 뜻이다. 매주 학생들의 답안을 보고 누구나 훌륭한 개념을 충분히 만들어 낼 수 있다는 사실을 느낀다. 새로운 개념을 만드는 힘은 곧 무슨 일

* Symbolic Analyst, '상징 분석가'로 해석되며 창조적 전문가를 가리킨다.

이 생겨도 다시 살아날 수 있는 힘과 같다고 생각한다.

1인 출판사
'반농반X 퍼블리싱'

최근 10년간 내게 많은 변화가 있었는데, 1인 출판사 '반농반X퍼블리싱'을 설립한 것도 그중 하나다. 사실 이 책을 출판한 소니 매거진이 단행본 부문을 철수하여 잡지 부문만 남게 되었다. 당시 이 책의 단행본(2003년)과 신서판(2008년), 두 권의 『반농반X라는 삶의 방식−실천편』(2006년)은 다 팔리고 없었다. 책을 찾는 사람이 있는데도 출판사 창고에도 서점에도 우리 집에도 재고가 전혀 없었다.

나는 소니 매거진과의 계약을 갱신하여 직접 책을 인쇄할 수 있도록 했다. 그래서 구상한 것이 반농반X 전문 지역 출판사인 '반농반X 퍼블리싱'이다. 인쇄는 지역의 돈 흐름을 돕기 위해 아야베 인근의 인쇄 회사에 의뢰했다. 책 표지에는 아야베에 사는 사진작가의 작품을 썼다. 가능하면 아야베에 사는 장정 제작자, 디자이너, DTP* 작업자에게 일이 돌아가도록 신경을 썼다. 이리하여 2012년에 『반농반X라는 삶의 방−실천편』을 낼 수 있었다.

책의 표지 사진은 아야베에 사는 사진작가 스즈키 다카시 씨가 '전

---

* Desktop Publishing의 약자. '책상 출판'으로 해석된다. PC와 레이저 프린터로 편집·레이아웃을 하여 인쇄 대본을 작성하는 시스템.

국 수원의 고향[水源の里] 사진전'에 출품하여 수상을 했던 작품이다. '수원의 고향'이란 아야베가 한계 집락 대책을 실시할 때 생겨난 개념으로, 지금은 전국의 비슷한 지역 사이에도 널리 퍼져 있다. 전체적인 정책은 시카타 야스오 전 아야베 시장이 담당하고 있다. 반농반X 퍼블리싱은 아직은 내 책 위주로 돌아가고 있지만 최종적인 목표는 10~20대의 젊은 작가를 발굴하는 것이다.

자주 들어오는
질문들
- 다 섯 가 지 질 문

일본 각지에서 연간 80회 정도 강연을 하는데, 특히 자주 나오는 질문이 있다. 여기서는 그중 인상 깊은 질문 다섯 가지에 대해 간단히 답하려 한다.

> **"시골에서도 아이의**
> **교육은 문제없나요?"**

이 질문에는 언제나 이렇게 답한다. "저는 초등학교 시절, 한 반에 9명, 전교생이 60명인 작은 학교를 다녔습니다. 중요한 것은 학생 수가 아닙니다. 저는 좋은 선생님을 만났습니다. 그러나 역시 제일 중요한 것은 가정입니다. 제가 좋아하는 유럽 속담이 있습니다. '한 사람의 현명한 어머니가 100명의 교사보다 낫다.' 현명한 어머니라고는 했지만 어머니뿐만 아니라 부모 두 사람의 가치관, 철학이 무엇보다 중요합니다. 그것이 교육의 본질이라고 생각합니다."

"겸업농가와는
무엇이 다른가요?"

겸업농가라도 직업상의 일, 자원봉사, 자치회 등 지역 활동 중에 X가 존재한다면 그것은 반농반X라고 생각한다. 반농반X라는 말에 얽매일 필요는 없다. 중요한 것은 방향성이라고 생각한다. 생활에 농업이 있고, 천직을 수행하는 시간이 있다면 그것이 반농반X다. 이는 전업농가가 지역 활동에 적극적으로 참여하는 경우도 마찬가지다.

"모두가 반농반X로 전환하면
나라가 쇠퇴하지 않을까요?"

나이 지긋한 사람이 품기 쉬운 의문이다. 지속가능한 농업과 X를 병행하며 사는 것은 나쁜 일이 아니다. 러시아의 다차(Dacha)* 문화처럼

---

* 통나무로 만든 집과 텃밭이 딸린 주말 농장으로, 러시아 도시민의 70퍼센트가 자기 소유의 다차에서 가족들과 농사를 짓고 휴식을 취한다. 다차 문화는 19세기 러시아 제국 시대부터 내려온 전통으로, 1970년대 말 러시아 정부가 희망자에게 각각 180평 정도의 땅을 무상으로 배분하면

식량 자급률을 올려 줄지도 모르고, 심신이 건강해지면 건강 보험의 의료비도 감소될 것이다. 미래가 과연 지금 세상의 연장선상에 있겠느냐고 묻는다면 나는 없다고 대답할 것이다. 미래를 바꾸기 위해 각자의 X에 도전하며 그로써 산적한 문제를 조금이라도 해결할 수 있기를 바란다. 정비례가 아닌 나선형으로 이 세상이 천천히 진화되면 좋겠다. 아직 이 나라, 더 나아가 이 지구상에는 활기차고 매력적인 미래상과 비전이 없다. 새로운 비전과 새로운 개념을 제시하고 싶다.

"농사도 천직도 어려운데, 두 마리 토끼를 잡으려다 전부 놓치는 것은 아닐까요?"

이것도 나이 지긋한 청중이 던진 질문이다. 확실히 둘 다 어렵다. 하지만 그 둘을 쉽사리 해내는 대학생과 젊은이도 있다. 지금 이대로는 미래에 희망이 없다고 판단된다면 무언가를 바꿀 필요가 있다. 나는 두 마리 토끼를 쫓아 보는 것도 중요하다고 생각한다. 두 가지를 병행해야만 알 수 있는 것도 있다. 또 반농반X라고 하면 농업과 X가 병렬된 것처럼 생각하기 쉽지만 사실은 농업이라는 기초 위에 X가 성립되는 것이다. 그러므로 두 마리 토끼라는 비유는 정확하지 않다.

책을 읽고 이런 감상을 피력한 사람도 있었다. "반농반X는 전혀 이상적이지 않은, 매우 현실적인 개념이다." 다른 사람은 이 책을 "21세

서 러시아인의 삶 깊숙이 자리 잡았다.

기의 추천서"라고 평하며 이렇게 말했다. "절반은 농사를 지으면서 절반은 자신의 길을 추구할 수도 있구나! 눈을 가리고 있던 비늘이 떨어진 느낌이다. 이런 라이프 스타일이 세상을 구할지도 모르겠다!"

"제 천직(X)이 뭔지 모르겠어요."

자신의 X에 너무 얽매이지 않아도 된다. 당신의 X는 어쩌면 주위의 누군가(조부모, 부모, 형제, 친구, 지인 등)의 X를 지원하는 일일지도 모른다. 주변의 X를 기획해 준다는 관점으로도 생각해 보자.

『밤과 안개』를 쓴 빅터 E. 프랭클은 '삶의 의미의 고갈'을 걱정했다. 이는 평화 문제든 환경 문제든 모든 문제의 근본 원인이 아닐까? 반농반X가 그런 이 세계의 삶의 틀이 되어 주기를 바란다.

해설
공동체와 함께 사는 삶

이 책은 2003년에 출간되었다. 저자인 시오미 씨는 당시 38세였다. 그 후 10년이 넘는 시간이 흘렀다. 읽어 보았으면 알 테지만, 시오미 씨는 이 책 속에서 다양한 미래를 예측했다. "공동체 사업과 농업이 융합할 것이다", "향후 '마을 만들기'에서는 '있는 것 찾아내기'가 중요해질 것이다", "공유라는 말이 시대를 상징할 것이다" 등등. 10년쯤 지난 지금, 이 예측은 모두 현실이 되었다.

그러나 시오미 씨는 예언자가 아니다. 어느 날 갑자기 깨달음을 얻어 미래를 예측한 것도 아니다. 10년 전에 그가 했던 말들은, 그 전부터 그가 찾아낸 많은 말과 글을 자신과 친구들의 실제 생활과 대조해 가며 성립시킨 미래상이었다. 이 책뿐만 아니라 뒤이어 2006년에 발간된 『아야베발 반농반X적 삶의 방식-실천편』이나 2007년에 발간된 『아야베발 반농반X적 삶의 방식 88가지』에도 많은 말이 인용되어 있다. 더불어 본인과 친구들의 생활도 소개되어 있다. 시오미 씨는 자신이 감명받았던 말과 실제 생활 사이를 오가며 사회가 앞으로 어떻게 될지 예측했던 것이다.

여기서 시오미 씨의 이력을 살펴보았으면 한다. 시오미 씨는 1965년에 교토 부 아야베 시에서 태어났다. 그리고 열 살 때 당시 42세였던 모친을 여읜다. 24세부터 약 10년 동안은 고베의 통신판매 회사 펠리시모에 근무한다. 특히 그는, 28세부터 2년 동안 사내의 1인 부서 '소셜 디자인룸'에서 일하며 회장의 사회 공헌 사업을 기획, 준비하고 운영했다.

그러던 중 두 권의 서적을 읽게 된다. 그중 하나가 메이지 시대의 사상가 우치무라 간조의 『후세에의 최대 유물』이다. 우치무라가 33세 때 하코네에서 강연했던 내용을 엮은 책인데, 이 책을 읽고 시오미 씨 자신도 33세까지 무언가 해야겠다고 결심하게 된다. 또 한 권은 호시카와 준의 『에콜로지란 무엇인가』다. 이 책에서 호시카와 씨가 자신의 삶을 반농반저라고 표현한 것을 본 시오미 씨는 반농반X라는 새로운 개념을 도출한다.

그리고 1999년, 33세의 나이로 펠리시모를 그만두고 고향인 아야베 시로 돌아온다. 그리고 35세에 반농반X 연구소를 설립하고 38세에 이 책을 썼다.

20년도 더 된 옛날에 '사회 디자인'을 표방하는 부서에서 일했다는 것도 놀랍지만 존경하는 인물인 우치무라 간조가 33세에 강연을 했다고 해서 자신도 33세에 회사를 그만둬 버리는 강인한 의지에도 놀라게 된다. "기한이 없는 꿈은 실현되지 않는다"는 말대로, 시오미 씨는 자신의 인생에 여러 가지 기한을 설정했다. 33세 다음의 기한은 42세, 즉 시오미 씨의 모친이 사망한 연령이었다. 이 나이까지 세 권의 책을 출간하겠다고 결심하고 실제로 앞의 세 권을 2007년 이전에 냈다. 대단히 굳은 의지와 실행력이다.

그러나 실제로 만나 본 시오미 씨에게서는 이런 강인함이 거의 느껴지지 않았다. 그는 남의 이야기를 귀 기울여 듣고 공손하게 대답하며 자신의 의견을 고집하지 않고 발상을 유연하게 전환한다. 마른 체형에 부드러운 언행을 갖춘 '호인'이다.

나는 2008년에 처음으로 시오미 씨를 만났다. 나는 2005년부터 '커뮤니티(공동체) 디자인'이라는 일을 시작했는데, 그 일의 힌트를 얻으려고 시오미 씨가 쓴 세 권의 책을 읽었다. 그리고 잡지 취재를 핑계로 그에게 접근했다. 분명 의지가 굳고 자기 주장이 강해서 '내 말을 들어!'라고 강요할 것 같다고 생각한 나는, 그를 실제로 만나 보고 김이 샌 것도 모자라 그의 온화한 매력에 푹 빠져 버렸다.

2012년에는 웹 매거진 취재 핑계로 이후 시오미 씨의 활동에 관해 들을 수 있었다. 공동체 디자이너의 관점에서 지금까지 봐 온 시오미 씨의 특징을 한마디로 압축하면 '장대한 공동체 개념의 소유자'라고 말할 수 있다. 이에 시오미 씨가 소속된 다양한 공동체를 소개하려 한다.

우선 아야베 시라는 지연(地緣)으로 엮인 공동체가 있다. 시오미 씨와 동네를 돌아다니면 다양한 사람이 인사를 한다. 그의 책에도 지역 사람들의 이야기가 많이 등장한다. 다음으로는 반농반X라는 개념으로 엮인 테마 공동체가 있다. 이는 전국적인 공동체다. 시오미 씨는 많은 책을 읽고 거기에서 발견한 유익한 말들을 블로그나 책을 통해 지속적으로 소개하고 있다. 이렇게 말로 연결된 공동체가 있는 듯하다. 시오미 씨는 "깨달음을 독점하지 않고 전파를 지속하는 일"의 중요성을 역설하고 있다.

분명 그 말을 얻어 간 사람 역시 시오미 씨에게는 공동체의 일원일 것이다. 그 사람은 멀리 떨어진 곳에 사는 사람일지도 모르고, 역사의 한 인물일지도 모른다. 읽을거리를 통해 시대를 초월한 관계를 구축하는 것이다.

아야베 시에 있는 시오미 씨의 모교 초등학교 부지에는 예전 보건실을 수리해 만든 전원생활 정보 센터가 있다. 그곳의 서가에는 시오미 씨가 기증한 수많은 책이 꽂혀 있다. 이곳 역시 시오미 씨의 광범위한 공동체 의식을 엿볼 수 있는 공간이다.

덧붙이자면, 자신이 발견한 말을 누군가에게 전하려 하는 차세대 사람들도 시오미 씨에게는 공동체의 일원일 것이다. 이 책 속에서 시오미 씨는 "우리는 자신들이 최후의 세대인 듯 행동한다"고 경고하며, "실제로는 중간 다리의 역할을 해야 한다. 다음 세대에게 무언가 계승하는 존재가 되어야 한다"라고 역설한다.

인간만이 아니다. 논의 쌀, 곤충, 동물, 밭의 채소, 잡목림의 식물, 물과 햇빛 등 주변의 모든 것이 시오미 씨의 공동체 안에 포함되어 있는지도 모른다. 시오미 씨는 자신이 이런 광대한 공동체의 다양한 유대 속에 살며 자신의 X를 실천하고 있다고 생각할 것이다. 그래서 겸손

하고 온유할 수 있다. 자신이 어떤 존재이며 공동체 안에서 어떤 역할을 담당해야 하는지 잘 알기 때문이다.

그는 '공동체와 함께 사는 삶'을 몸소 보여 주는 사람이다.

야마자키 료, 공동체 디자이너

반농반X의 삶

1판 1쇄 발행 2015년 11월 24일
1판 2쇄 발행 2018년 8월 17일

지은이 시오미 나오키
옮긴이 노경아

발행인 김기중
주간 신선영
편집 이지예, 강정민, 정다혜
마케팅 한솔미, 이민영
경영지원 홍운선
제작처 한영문화사
펴낸곳 도서출판 더숲
주소 서울시 마포구 양화로16길 18, 3층 (04039)
전화 02-3141-8301~2
팩스 02-3141-8303
이메일 info@theforestbook.co.kr
페이스북·인스타그램 @theforestbook
출판신고 2009년 3월 30일 제2009-000062호.

ISBN 979-11-86900-01-7 (03300)